高校图书馆阅读推广策略与文化育人

苏美亚 香春 李永霞 著

延吉·延边大学出版社

图书在版编目（CIP）数据

高校图书馆阅读推广策略与文化育人 / 苏美亚，香春，李永霞著. -- 延吉：延边大学出版社，2023.12
　ISBN 978-7-230-06115-5

Ⅰ. ①高… Ⅱ. ①苏… ②香… ③李… Ⅲ. ①院校图书馆－读书活动－研究 Ⅳ. ①G252.17

中国国家版本馆CIP数据核字(2023)第248194号

高校图书馆阅读推广策略与文化育人

著　　　者：苏美亚　香　春　李永霞	
责任编辑：高　红	
封面设计：文合文化	
出版发行：延边大学出版社	
社　　　址：吉林省延吉市公园路 977 号	邮　编：133002
网　　　址：http://www.ydcbs.com	E-mail：ydcbs@ydcbs.com
电　　　话：0433-2732435	传　真：0433-2732434
印　　　刷：廊坊市广阳区九洲印刷厂	
开　　　本：710 毫米 ×1000 毫米　1/16	
印　　　张：10	
字　　　数：200 千字	
版　　　次：2023 年 12 月第 1 版	
印　　　次：2024 年 1 月第 1 次印刷	
书　　　号：ISBN 978-7-230-06115-5	
定　　　价：78.00 元	

前　言

在当今信息快速传播的时代，高校图书馆作为知识的仓库和学术交流的中心，承载着培养学生阅读兴趣、提升学生文化素养的重要使命。阅读推广与文化育人成为高校图书馆工作中亟待关注和深入研究的重要议题。

本书旨在深入剖析高校图书馆在阅读推广与文化育人方面的挑战与机遇，提供创新性的策略与实践经验，以引领高校图书馆更好地发挥其在学术文化传承与传播中的作用。书中主要阐述了高校图书馆的概况，包括改革与发展、性质和职能、建设的作用及创新等；探讨了高校图书馆的数字化建设，包括高校图书馆数字化建设概况、数字图书馆信息资源建设和创新服务；接着详细地分析了高校图书馆阅读推广概况、高校图书馆阅读推广方法和内容、高校图书馆与其他机构合作阅读推广以及高校图书馆阅读推广发展趋势及策略；最后，重点在高校图书馆的德育教育方面展开研究。通过本书，我们期望为高校图书馆工作者、教育管理者及对高等教育文化事业感兴趣的读者提供一些可行的策略与实践经验，助力高校图书馆更好地完成阅读推广与文化育人的使命，同时激发学生对知识和文化的热爱，为构建学术文化的繁荣作出更为积极的贡献。

在撰写本书的过程中，笔者借鉴了许多前人的研究成果，在此表示衷心的感谢。但由于图书馆阅读推广涉及的范畴比较广，需要探索的层面比较深，书中难免会存在一定的不足，对一些相关问题的研究不透彻，恳请前辈、同行以及广大读者斧正。

目 录

第一章 高校图书馆概述 ·············· 1
    第一节 高校图书馆的改革与发展 ············ 1
    第二节 高校图书馆的性质和职能 ············ 9
    第三节 高校图书馆建设的作用及创新 ········· 16

第二章 高校图书馆的数字化建设 ·········· 24
    第一节 高校图书馆数字化建设概况 ·········· 24
    第二节 高校数字图书馆信息资源建设 ········· 29
    第三节 高校数字图书馆的创新服务 ·········· 32

第三章 高校图书馆阅读推广概况 ·········· 39
    第一节 高校图书馆阅读推广的含义 ·········· 39
    第二节 高校图书馆阅读推广的问题 ·········· 44
    第三节 高校图书馆阅读推广的发展建议 ········ 46

第四章 高校图书馆阅读推广方法和内容 ······ 55
    第一节 高校图书馆阅读推广方法 ············ 55
    第二节 高校图书馆阅读推广内容 ············ 66

第五章 高校图书馆与其他机构合作阅读推广 ··· 84
    第一节 高校图书馆阅读推广的相关机构组织 ····· 84
    第二节 高校图书馆与相关组织机构合作阅读推广 ·· 92

第六章　高校图书馆阅读推广发展趋势及策略 …………… 101

第一节　高校图书馆有声读物阅读推广 ………………………… 101

第二节　高校图书馆新媒体阅读推广 …………………………… 109

第三节　高校图书馆阅读推广口碑营销策略 …………………… 119

第七章　高校图书馆的德育教育 …………………………… 130

第一节　高校图书馆德育功能理论阐释 ………………………… 130

第二节　高校图书馆的德育教育功能 …………………………… 136

第三节　影响高校图书馆德育功能发挥的因素 ………………… 143

第四节　充分发挥高校图书馆德育功能的策略 ………………… 145

参考文献 ……………………………………………………… 153

第一章 高校图书馆概述

第一节 高校图书馆的改革与发展

一、高校图书馆的变革历程

高校图书馆是图书馆的一个主要分支机构。随着大学的兴起创办,大学图书馆的建设也应运而生。高校图书馆是学校图书情报中心,是为教学和科研服务的学术性机构。它是学校教学和科研工作的重要组成部分,收藏有古今中外各学科、多种语言、多种载体的文献。这些文献记录了辉煌的古代文化,也记录了当代的文明。师生在这个知识的海洋中可以进行探索和思考,解决课堂上、科研中遇到的各种问题,获得"观古今于须臾,抚四海于一瞬"的学习效果。

随着科学技术的不断发展,高校图书馆借阅服务方式经历了由开架到闭架、再由闭架到开架的两次借阅方式大变革后,在技术迅速发展的今天,又出现了不同于前两次变革的技术性的第三次变革。

（一）第一次借阅服务方式变革

第一次变革由开架到闭架,出现了藏、借、阅分开,空间功能固定的图书馆。文艺复兴之后,由于印刷术的发展,西欧开始出现一些封建主办的大学图书馆,它们是开架的,其典型布局是:一排排书架与座椅相间布置在一间狭长的房间内。这种藏、阅空间合一的图书馆一直延续了几个世纪,如英国牛津大学麦尔通图书馆平面，书架与座椅相间布置在一个长方形的房间内。滚筒印刷术的发明，使书籍大量增加，图书馆藏书直线上升。当时正值资本主义发展时期，创办了许多大学，到图书馆阅览的学生也越来越多。于是，原来开架阅览的办法不适应了，出现了藏、阅空间分开的中央大厅式图书馆。1897年建成的哥伦比亚大学图书馆，是一个很典型的例子：中央是一个高大的圆形阅览大厅，出纳台居中，四周环以多层书库。但由于圆形大厅排列座位不便，浪费空间，闭架借阅十分不便，十九世纪二三十年代兴建的一大批大学图书馆改变了原来的布局方式，而采用书库在后，阅览在前，出纳居中的布置。例如，美国哈佛大学图书馆、犹他大学图书馆等，就采用了这种布局方式。

我国的高校图书馆最早可以溯源至唐代的书院。当时书院是为宫廷藏书、修书的地方，而实际上它就是中国封建社会独具特色的学校图书馆。从宋代至清代，书院发展为一种读书、讲学的教育机构，这与西方古代的大学图书馆有许多相似之处。到了20世纪初，我国高校按照欧美近代模式进行设计的图书馆建筑开始相继出现，第一批大学图书馆如清华大学图书馆、南京工学院图书馆等都是按书库在后，阅览在前，出纳居中的格局布置。

（二）第二次借阅服务方式变革

第二次变革由闭架转为开架，由单一制转为分部制。传统的图书馆设计格局被摒弃，出现了藏、阅空间再次合一的"模数式"图书馆。第二次世界大战后，国外大学教育体制的变化导致大学图书馆的面积分配比例等发生了变化。学校强调培养学生的独立自主能力，教师除授课外，更多地采用讨论式或辅导式教学；学生必须要自己到图书馆寻找教师推荐的参考文献阅读。这就需要将参考书放入阅览室实行开架阅览，才能方便师生的阅读，因此，促成了藏、阅两空间合一的开架阅览。

随着开架图书增多，各学科分类越来越细，仅靠传统的一间大的普通阅览室是不能满足要求的，因此，第二次世界大战后出现了按学科组织阅览的分部制图书馆。每个阅览部集中了该专业的书刊、检索工具和其他相关资料。开架阅览使馆内各部分的面积被重新分配。开架后，书架由书库搬至阅览室，基本书库面积大大减少，甚至取消。例如，东京大学图书馆取消了基本书库，还取消了目录厅，这就对图书馆的建筑设计提出了灵活性的要求，即图书馆在设计时，要考虑到任何一间房间可以既是书库又是阅览室。因此，"模数式设计"的图书馆便应运而生。

"模数式"图书馆灵活，能适应开架后建筑平面的变化。"模数式"图书馆的建筑结构形式在大学图书馆一经出现，便相互效法，发展迅速。

（三）第三次借阅服务及技术变革

随着计算机技术、信息技术与各种科学技术及信息载体的大变革和发展，图书馆出现了第三次大变革。

（1）图书馆成为收藏各种形式知识载体和通过这些知识媒介来传播知识的场所，从而改变了它是单独贮藏书刊和通过书刊传播知识的传统概念。

（2）电子计算机、缩微、复印等各种新技术得到了广泛应用。

（3）更加重视内外环境的设计。

"视听阅览"的发展改变了传统的阅读方式，人们借助于各种视听设备能够进行"视听阅览"。此外，图书馆还增加了视听阅览和视听业务用房，以及保管、修理、制作幻灯片、录音带的技术用房等。由于视听阅览的扩大，电子计算机、缩微技术的广泛应用，使得图书馆内部再次出现各部门面积的重新分配：阅览面积进一步增大，书库面积不再无限扩大，而目录厅面积趋向缩小，以计算机检索终端设备代替了卡片目录柜；供电子计算机或视听资料制作的技术用房进一步扩大。

二、高校图书馆发展中的误区

高校图书馆是高校的文献信息服务中心，图书馆在高校的建设与发展中起着至关重要的作用。纵观我国高校图书馆发展的过去和现状，当代各高校图书馆的建设水平无论在硬件还是软件方面都上了一个新台阶，但其发展中还存在着许多不足和思维误区。

1. 重技术轻人文的误区

随着信息与网络时代的到来，为了更好地为读者提供服务，许多自动化、数字化、网络化等技术被引进图书馆，而无论这些技术多么先进、功能多么齐备，也必须由人来管理和操作，最终为人服务。美国著名图书馆学理论家谢拉曾指出："图书馆工作的基本目的不是机器所能解决的，如果我们被机械设备催眠，以为接受了银幕上闪烁着的影像就是知识，我们将会像几个世纪以前的神秘民族一样，一直将洞穴墙壁上的影子误认为是真实的物体，而错失寻找真知的良机。"一切技术，包括IT技术和图书馆的传统技术，最终不过是工具而已，它不可能最终完成图书馆的一切使命，更不能完成图书馆的终极使命。如果只强调技术，不能把技术和人文很好地结合起来，那么图书馆的发展就会偏离其正确的发展方向——更好地为读者服务。图书馆人仍要努力做到把技术当成工具，要简化技术工具的利用难度，把图书馆变成读者获取信息和知识的一种方便的工具，而不是增加读者利用的难度。如果利用的难度很大，读者就会知难而退，久而久之，读者就不再愿意利用图书馆。发展技术固然重要，但更好地方便并服务读者，才是图书馆工作的宗旨。因此，图书馆应围绕为读者服务去运用先进的技术手段。

2. 图书采购的误区

图书馆是学校的文献信息中心，是教师备课的后盾和学生学习的第二课堂，是师生进行学术研究活动的重要场所。文献信息资源是高校图书馆的物质基础，是为教学、科研服务的基本要素。及时跟踪学校教学、科研发展的动态，最快最优地提供文献信息保障，是高校图书馆文献信息资源建设的基本出发点。但是由于面对考核、评估等各种情况，一些学校为了满足评估指标要求，不管图书质量，突击买进大量图书。比如，有的图书馆一年时间内购入几十万册图书，以满足评估的要求，而实际上我国每年出版的适合高等教育需要的图书品种不到4万种，这样大量地购入图书只是为了凑数，脱离了高校教学和科研的实际需要。又如，有的学校每年拨给图书馆的购书经费只有几十万元，而现在图书的平均单价约40元，为了达到数量上的要求，只能购入大批特价书和降价书。这样采购书的结果就是文献资源建设的无序发展，不仅对学校建设和学生培养无益，也造成了资金的浪费。

此外，在数字资源建设方面，有一些高校图书馆存在着盲目攀比、片面追求购买数据库数量而不讲求利用率的情况。另一方面，学校对于图书采访人员的专业技能不够重视，许多图书馆在采购图书时没有馆藏规划。其实，一个藏书系统丰富、有自己特点的图书馆，无一例外都是图书馆的懂书之人经过几代甚至更长时间持之以恒、坚持不懈努力的结果。图书馆采购人员不仅要提高自己的专业技能，还必须重视读者的需要。一方面要到各教学、科研单位了解专业设置、专业发展方向、教学计划和科研项目等情况；另一方面让读者参与到图书馆文献信息资源建设中，请教学、科研人员参与到图书采购中。同时，采购员要熟悉馆藏，经常了解读者的借阅情况，对那些借阅、流通量非常低的图书，要分析并查找原因，为以后的采购做数据分析，从而有针对性地购买文献资源，减少"僵尸书"的采购。

3. 轻视导读工作的误区

所谓导读，就是"以优化藏书建设为基础，以各类型读者为对象，以提示藏书为内容，通过工作人员主动地、创造性地服务，使读者能够从图书馆获得主动需求的一种活动过程"，即图书馆读者导读工作是以文献资源和馆舍、设施为基础，以引导和影响读者阅读、提高阅读效率、提高选择和阅读文献的能力，帮助读者确定阅读范围和阅读对象，向读者提供所探索问题的有关图书和书目，帮助读者在借阅时少走弯路。因此，导读工作是图书馆有特色的深层次服务，特别是信息技术在高校图书馆的广泛应用，高校图书馆的各项工作都发生了质的飞跃，导读工作变得尤为重要。然而，很多高校却忽略了导读工作的重要性，忽略了导读人员的综合素质培养。导读人员综合素质和专业技能水平的高低直接影响导读的质量。有好的导读工作人员，可以为每个读者找到需要的书，也可以为每本书找到需要它的读者，这样才能实现"藏有所用，用有所藏，藏用结合"的目的，减少图书馆"僵尸书"的数量，提高图书的利用率。

4. 图书馆人力资源建设误区

人才是一个国家发展最重要的战略资源，是决定一个国家兴衰发展的关键。高校图书馆事业的发展亦如此，人才的水平决定着图书馆的管理水平以及服务的质量和水平。只有拥有大量高素质人才，图书馆事业才能得到更好的发展。然而，目前我国各高校图书馆在人才队伍的建设方面几乎没有长远的规划，缺乏有效的人才培养机制和使用机制，特别是偏远地区的高校图书馆，都存在留不住人才的问题。

高校图书馆从业人员普遍存在年龄结构偏大、性别比例失调、知识老化的现象，主要原因在于到图书馆工作的人员一部分属于照顾性质安置的。因此，年龄偏大，学历层次偏低，知识结构单一，他们对于学校的专业设置、教学、科研现状及其今后的发展趋势不了解，对学生的状况不了解，很难谈得上能为师生提供教学和科研服务。

信息化时代的图书馆，在人才的使用上要突破传统的管理机制和思想观念的束缚，打破论资排辈和"大锅饭"框架，按照能力优先、兼顾公平和公正的原则，建立一套激励机制，从而调动馆员的积极性和创造性。同时，学校对图书馆工作人员的考核，应制定有别于专业教师的考核指标体系，对图书馆工作人员，不需要过多地看重其学历，一味地强调馆员整体学历的提高。图书馆工作是解决实际问题的工作，应该考核工作人员解决实际问题的能力，从而激励馆员自觉地更新知识，钻研业务技能，做好岗位工作，这样才能真正起到促进其学习的作用。只有馆员不断获得新知识、新技能，调整自身的知识结构，提高自身的综合素质，才能更好地为全校师生做好服务工作。同时，应鼓励他们外出进修和学习，了解、学习知名高校图书馆好的工作经验和工作方法，学以致用，在本职岗位发挥出最大效用。

三、高校图书馆的发展趋势

发达的互联网技术，以及互联网的深度应用，使各行各业发生了革命性的变革。"互联网+"时代的到来，使高校图书馆开始向着智能化方向迈进，服务方式不断创新。未来，由高校图书馆营造的场景也将会发生多种多样的变化。

（一）图书馆智能化

如果说数字化是图书馆文献信息收藏的一次革命性变革，那么智能化将是面向服务层面的一次革新。数字化技术让图书馆从纸质文献资料的收集拓展到数据代码存储，突破了图书馆的空间限制，从有形的资料扩展到无形的内容，图书馆在文献信息的收集范围上也突破了地域限制。另外，图书馆的职能化则使图书馆能够为任何读者提供个性化和智能化的服务，而且这个服务能够被记录下来，在第二次服务中进行改进和提升。比如，读者在图书馆阅读图书之后，智能图书馆能够记录相关数据，并在之后的服务过程中向读者推荐其喜欢或者有用的图书资料，服务从被动转为主动，而且还具有一定的交互性，这就是智能图书馆的魅力。智能图书馆也被叫作智慧图书馆。从目前的技术来看，一般情况下应具备以下技能：与互联网保持畅通（有线网络或者 Wi-Fi 功能）、网络图书馆自助服务功能、文献信息共享、图书馆个性化服务和自主学习与服务设施等。欧洲一些国家的图书馆首先实现了这些功能，国内的高校图书馆也在逐步普及。总体来说，目前大部分图书馆已实现了这些功能。当然，这是一个过程，还需要不断地完善，主要是在配套设施上，如大型数据库的接入，网络学习平台的构建及资源库的充实等。智慧图书馆的最终目标是要实现资源（图书及信息）与读者随时随地都能够相连，方便读者利用。

（二）知识资源公共性的特点突出

自 1848 年美国颁布第一部《公共图书馆法》以来，世界上已有 80 多个国家和地区先后颁布 250 多部法律法规，用来保障公民使用知识资源的权利，提升全民素质，促进社会进步。1949 年，联合国教科文组织和国际图联发布的《公共图书馆宣言》中则明确指出，"开办和管理公共图书馆是国家和地方当局的责任，必须有具体的法规。"

同时，将全国分散的图书馆联合起来成为一个知识库将是一个趋势，这有利于资源共享，减少资源浪费。

（三）图书馆服务方式发生变革

足不出户，你便可以在图书馆借阅图书，通过图书馆的阅读 APP 阅读图书，这已经是常态。通过远程 VPN 系统，在家里能够下载学校图书馆的文献资料等。这些便捷的工作和服务方式已经成为利用图书馆资源的必备工具与手段。

图书馆也不仅仅局限在某一个机构或者某个单位，你可以在街头的自助借书终端、地铁的图书借阅机上借阅图书，这些工具方便快捷。以后，除某些专业的图书需要到高校图书馆或者专业机构图书馆借阅外，大部分的图书都可以从这里借阅。

（四）传统图书馆功能调整

图书馆的一些传统功能在减弱，服务模式也发生了改变，而且产生了一些新的功能。很多图书馆已经不再需要借阅证，只需要使用身份证登记即可。通过身份证号，图书馆为每一位读者建立了信用记录，读者的每一次借阅行为都将被记录下来。在图书馆资源中，电子资源所占的比例越来越重要，图书馆的综合实力已经不能通过纸质的藏书量来表示；人工服务在图书馆的作用减弱，更多地被网络借阅、机器自主借阅代替，甚至在一些图书馆已经开始使用机器人查阅服务。图书馆的自动化程度不断提升，这就要求未来图书馆具备较高的技术服务水平、大数据处理分析能力以及图书馆自身服务特色的把握能力。

（五）图书馆馆员知识结构的新标准

图书馆功能的变化必将导致图书馆馆员的知识结构调整，否则，馆员就很难适应新技术条件下的工作要求。首先，图书馆馆员应该具有一定的电子设备使用知识和维护知识；其次，图书馆馆员要有新闻记者的敏锐度，能够挖掘出有用的信息，且能够进行图书馆资源建设工作；最后，图书馆馆员要具有一定的营销推广意识。这些方面在知识结构上，对图书馆馆员提出了新的标准和要求。

（六）图书馆的地区资源优势地位逐渐显现

传统的图书馆可以凭借自己的资源对外开展服务。互联网技术的发展使图书馆失去了这种优势。但图书馆可以凭借地区资源优势和独特的信息搜集整理能力来对外开展服务，这是其他服务机构不可比拟的。因此，图书馆要充分利用这一优势，建设本地区或者某一方面的资源，形成独有的核心竞争力。

（七）高校学生思想政治工作的重要基地

高校的学习是学分制主导，学生没有固定的教室，因而，图书馆和寝室成为学生学习的主要场所，而寝室又不适宜作为教育场所。图书馆的空间宽敞，学习氛围好，因此，成为高校开展思想政治教育工作的最佳场所。高校可通过制订长期的教育计划，定期开展思想政治教育课，组织各种思想政治教育活动，从而形成高校思想政治教育的重要基地。

第二节　高校图书馆的性质和职能

一、高校图书馆的性质

（一）图书馆的本质属性

2002年颁布的《普通高等学校图书馆规程（修订）》中明确规定："高等学校图书馆是学校的文献信息中心，是为教学和科学研究服务的学术性机构，是学校信息化和社会信息化的重要基地。高等学校图书馆的工作是学校教学和科学研究工作的重要组成部分。"高校图书馆的本质属性被定义为一个服务性的学术机构，最本质的特征是服务教学和科研工作，主要理由如下：

第一，从工作对象上，读者是高校图书馆的服务对象，图书馆内的一切工作的开展都是围绕读者进行的。读者在图书馆获取相关信息和文献，满足读者的需求才是工作的中心环节，要为读者提供最便捷的服务。图书馆各项工作开展的原则是读者在图书馆内是否得到最优质的服务。图书馆需要在文献丰富程度、读者查阅工作的便捷度、查询速度上下功夫,这是图书馆提高服务水平、提升服务质量的永恒主题。一切工作围绕读者这个服务对象展开,才能够在工作中取得实际效果,只有这样,高校图书馆的本质属性才会被充分地体现出来。

第二,从工作内容上来说,高校图书馆的读者是高校的师生,为师生提供服务是高校图书馆的主要工作。高校图书馆作为高校的文献信息中心,每年都会根据学校内各专业的设置情况和读者特点,采购相关的图书,并有针对性地丰富数据库的内容,满足高校师生科研和教学需要。同时,高校图书馆在进行图书分类时,会参考师生的建议,对图书的分类和设置做相应的调整,以满足师生的需要。例如,为了满足师生能够在家进行数据库资料的查阅,高校图书馆逐步设置了远程访问的 VPN 系统,为师生提供最大的便利;在书架以及书库的设置和布局上,都会根据师生需求特点安排;等等。总之,高校图书馆工作的开展与高校读者具有密切的联系性,是一个整体。

(二)图书馆的共有属性

1. 中介性

中介性是一切中介服务机构的特性,图书馆也被包含在其中,但它并不是图书馆的特性,而是一般属性。图书馆一方面收集和整理大量的文献信息资料,另一方面服务着有纷繁复杂的文献信息需要的读者。图书馆连接了图书文献资料和读者,是读者和文献信息资料二者之间的桥梁。通过图书馆,文献信息资料能够有效地传递到读者手中,而读者通过图书馆能够查阅到自己想要的文献信息资料,二者实现了有效对接。

2. 教育性

美国著名学者杜威曾指出,图书馆是一个学校广义的教室,其通过图书等文献信息资料传递知识,为读者提供全方位、终身的教学资源,对教育的发展起到了促进作用。学校教学中的课堂教学,主要是传授学生的专业知识,而图书馆则以培养学生的实践动手能力为主,是不能缺少的环节之一。同时,大学课堂提供给学生的是专业知识，而图书馆提供给学生内容丰富多样化的知识，学习方式多种多样。图书馆不仅提供给学生知识，还教会了学生自主学习的方式，探索知识世界的方法，培养了学生的自学能力。图书馆提供的教育活动不仅包括了推荐文献资料、辅导读者阅读，还包括了各类型的讲座、学术报告会、举办培训班等多种活动。通过图书馆丰富的教育活动内容，能够提升学生对学习的兴趣，激起学生对知识的渴求。现在的图书馆除了设置有传统的图书文献资料库以外，还建立了电子阅览室，购买了多种多样的网络课程和视频资料，读者通过这些途径能够学到课堂教授以外的知识，拓展了自己的知识面，增加了自己的知识储备；在使用这些数字化工具的同时，强化了自己对现代教育技术工具的使用知识，也是一种锻炼和能力提升。

3. 准公共性

图书馆收藏国内外图书文献信息资料，保存人类最优秀的文明成果，它是带有一定专业性的服务机构，是为全体公众服务的机构，其经费来源于国家政府预算。作为政府的公共物品，全社会的公民都有权利享有，在其所具有的效用上，具有共享性、消费上的非竞争性和受益上的非排他性。图书馆的性质决定了其社会公益性，为社会提供公共产品和服务。如果图书馆不再具有公共服务性，不能为社会公众提供公共服务产品，那么就失去了原本的意义。但高校图书馆具有特殊性，其服务的对象主要是本校的师生。通常情况下，进入高校图书馆的权利，只有本校的师生拥有，他们才是本校图书馆的真正读者，社会人士和其他学校的师生是不可以进入的。当然，随着高校开放性不断增强，一些高校图书馆允许外界人员办理本校图书馆的借阅证，并进入到图书馆内学习，所以高校图书馆与社会公共图书馆一样，均具有公共性。但由于其局限在一定的高校范围之内，因此不属于完全的公共产品，可以看成是一个准公共产品。

4. 社会性

社会是由一定的经济基础和上层建筑构成的一个统一体，社会还指有共同物质条件相互联系形成的人群。图书馆是人建立的一个机构，图书馆为人类提供精神资料，具有明显的社会性。

（1）图书馆的文献信息资料具有社会性

文献信息资料是一种文化资源，是人类物质文明和精神文明的积累，是人类智慧的结晶。这种文化资源是人类在征服自然和改造自然的过程中积累起来的，经过文献信息资料的积累和传播，知识和方法论得到了发扬光大，为后来的社会改造提供了指导，并为社会进步提供了精神动力与智力支持。

（2）图书馆服务对象具有社会性

图书馆是服务社会公众的机构，尽管每一个类别的图书馆有自己相对独立的群体，但这些群体是各式各样的。比如说，高校图书馆，服务的是大学师生，这些师生本身就具有社会性，他们来自不同的地区，专业不同，知识背景不同，而且随着高校图书馆社会化加深，服务群体不断扩大，社会化的程度也不断拓展。因此，图书馆的社会性是重要的属性。

二、高校图书馆的职能

图书馆的职能是指图书馆在社会中发挥的功能，在图书馆职能分类上，有学者将图书馆的职能分为基本职能和社会职能。所谓的基本职能是图书馆的基础性作用，这是图书馆存在的基础。所谓的社会职能是随着社会的变迁，图书馆发挥出来的不同作用。作为图书馆的一个分支，高校图书馆与其他类型图书馆一样，本身也具有基本职能和社会职能。

（一）基本职能：保存和收集信息文献资料

在基本职能上，高校图书馆与其他类型图书馆是一样的。在图书馆的发展过程中，图书馆基本功能贯穿始终，即使社会不断发展，也不会发生改变。在民国时期，有学者认为图书馆是图书保存的唯一机关，因此，能够间接作为保存文化的机关。图书馆一方面保存文化，一方面使文化发扬光大，传播知识，使文化知识能够传播到各地，为社会文化的发展服务。要履行保存文化的功能，图书馆需要保存好前人留下的珍贵文献材料，保存过程包括文献资料的收集、整理、加工、组织、管理；图书馆要更好地将传承文化的功能发挥出来，则需要利用已经收集、整理、加工和组织的文献信息，通过借阅、复制、检查、咨询等方式，传播给社会。

（二）社会职能：服务教育文化，传播知识

从古至今，图书馆的社会职能不断地发生着变化。在古代，图书馆的社会职能仅是收藏图书，而随着图书资料的增多，不同类型的文献资料被收纳，图书馆还要对这些资料进行分类和整理。步入现代社会，随着技术的发展，信息内容日益丰富，传递速度快，存储量不断增大。因此，相对于传统图书馆，现在的图书馆在信息存储量、文献信息传递方式等方面发生了天翻地覆的变化，更多的信息服务方式、更多的读者都能够从图书馆获取到知识信息，图书馆成了新时代的信息集中地和传播中心，发挥着重要职能。

1975年，在"国际图书馆联合会"上，参与会议的学者将图书馆的职能总结为四项，分别是保存人类文化遗产、发展社会教育、传递情报信息和开发人类智力。研究发现，随着社会的发展，图书馆的社会职能也不断地发生着变化。图书馆的社会职能内容不断增加，如图书馆的导向性功能、创造需求功能、享受性功能和消费性功能。但是不管社会怎样发展，图书馆功能怎样增加，它的一些基本职能是不会发生改变的，并且稳定性强。通过总结分析，我们认为图书馆具有以下社会职能：

1. 教育职能

我国图书馆于周代起源，开始仅是收藏文献资料，主要起到保存文化的作用。但是随着图书馆事业的发展，它的社会职能逐步从单纯的保存文化向保存和传播文化方面发展，因此，图书馆的教育职能逐渐受到了政府和知识界的重视。我国古代的图书馆具有教育职能，但因其公共服务的范围小，而降低了社会职能的明显性。工业革命以后，生产力的发展对工人的文化素质要求越来越高，科学技术日新月异，工人只有学习先进的技术才能跟上时代发展的步伐，在此情况下，图书馆成为重要的社会教育机构。

高校教育的必要组成部分中，高校图书馆是其中之一，服务教学、科研是其目的，因此，教育职能是图书馆的社会职能。图书情报学界学者威尔逊说："图书馆的真正重要职能是促进知识的获得和新知识的产生。"2015年，教育部颁发了新的《普通高等学校图书馆规程》，明确指出："高等学校图书馆必须贯彻国家的教育方针，履行教育职能，为培养德、智、体、美等方

面全面发展的人才服务。"高校图书馆教育职能主要涵盖两方面：一是，高校图书馆有丰富的纸质图书馆藏以及电子数据资源，更新速度快，学生通过图书馆可以获取最新最全的科学文化知识。这种开放性的学习方式能够培养学生的自学能力和创新意识，使其在增加新知识的同时提升自我学习能力。二是，高校图书馆一般都拥有较大的场地和优越的学习环境，这为学生的学习提供了良好的场所和积极向上的学习氛围。随着科学技术的发展，图书馆在文献信息的积累方式、积累量及服务读者方面，均发生了很大的改变。在教育职能的发挥方面，高校图书馆是以知识内容为中心，并采用多种方式为社会公众提供便捷的服务，使图书馆成为社会发展中不能缺少的一部分。

2. 服务职能

高校图书馆的服务性决定了在社会实践中其承担着为自身和社会教育服务的社会职能。作为高校教学和科研的组成部分，高校图书馆的文献信息服务是基础性工作，体现的是其社会职能；另一方面高校图书馆的学术研究是为日常教学和科研服务的。在上文已比较详细地阐述了这个方面的内容。但是，目前高校图书馆遇到的问题中，社会服务是一个新问题。从高校图书馆的设立和服务对象来看，高校图书馆主要为高校师生的教学和科研提供服务，在社会服务方面很少能够发挥出重大的作用。图书馆学界也注意到了这个问题，提出在新的信息条件下，高校图书馆要走出自我封闭的状态，积极为社会提供服务。

基于此，我国颁布施行了《普通高等学校图书馆规程（修订）》，其中第21条指出："有条件的高等学校图书馆应尽可能向社会读者和社区读者开放，面向社会的文献信息和技术咨询服务，可根据材料和劳动的消耗或服务成果的实际效益收取适当的费用。"从这条规定可以看出，高校图书馆为社会提供信息服务是符合信息社会发展需求的。

3. 文化传播职能

早期文献收藏是图书馆产生的原因，随着时间的流逝、社会的变革，逐渐演化为文献资料的收藏和知识的传播。因此，文化的传播也是图书馆的重要社会职能之一。收藏是图书馆的基础，收藏人类一切优秀文化成果，对这些文化成果进行分类、整理、保存和利用,这种几千年来形成的专业化操作方式使得图书馆在传播知识方面,具有任何机构无法超越的优势,主要体现在四个方面:第一,丰富的文化底蕴和馆藏文献资源;第二,规范化的整理和方便快捷的使用方式,能够使知识信息得到快速而广泛的传播;第三,专业化的图书馆服务人员,他们通过先进的技术手段,传播文化信息知识,方便读者;第四,图书馆具有广泛的社会认知性和高度的社会公信力。图书馆传播的知识信息,得到了社会上的广泛认可并接受。通过科学文化知识的传播和普及,对社会的进步起到了推动的作用。在传播知识信息的过程中,高校图书馆主要发挥两方面作用:一是高校图书馆在收集、整理和服务高校读者的过程中,形成了自身的文化特色,高校图书馆成为高校的一道独特风景线;二是高校图书馆汇集了大量的科学文献成果,是组织和利用科学文献的重要基地。通过对这些科学文献的传播,高校图书馆促进了科学技术进步和社会发展,同时,这种传播也有利于更多的科学工作者在此基础上进行创新,产生新的科研成果,从而更好地为高校教学和科研工作提供服务。

4. 休闲职能

社会经济不断发展,人民生活水平不断提高,闲暇时间也越来越多,对休闲的需求已经成为人们现实生活的需要。

休闲并不仅仅指的是娱乐,其最高境界是提高人们的心情舒畅度和精神愉悦性,使人们在心灵中经历审美、道德、创造、超越的生活方式,给人们一种文化底蕴,支撑人们的精神。因此,在一定程度上认为休闲本身是一种文化,是人们内在、自觉的一种观念和生活方式;是一种感受、一种体验和一种觉悟;人文性、社会性、创造性较高,使人的情感、理智、意志、价值观和思维方式在心灵的自由中、精神的愉悦中得到升华。因为高校图书馆是信息、知识的集散地,所以高校图书馆内的环境幽雅、格调高雅、气氛闲适。在这种环境中,读者能够感受到学习的轻松。适当放松、休闲的学习环境,使图书馆在为读者提供优质的休闲服务过程中产生了亲和力与吸引力,从而使得读者愿意在闲暇时间走进图书馆,进而使高校图书馆的休闲职能得到了充分的发挥。同时,图书馆向读者传递科学文化知识,使读者身心得到放松,得到充分的休息，陶冶了读者的情操，增加了读者德、智、文的修养，进而有利于将其潜力充分地发挥出来，最终促进科学文化的创造。高校科学文化研究的进步，使图书馆在潜移默化中发挥出传承知识的作用。

第三节　高校图书馆建设的作用及创新

大学生是我国优秀青年的代表，他们的知识技能和信息素养如何，直接关系到整个国家未来的发展。在对大学生进行文化知识教育的同时，也不可忽略信息素养教育。高校图书馆作为学校的文献信息中心，它与师资、教学设备并称为现代化大学的三大支柱，是学校信息素养教育的重要基地。高校图书馆只有充分发挥自身的优势和作用，才能履行好教育职能和信息服务职能，为大学生的信息素养教育提供保障。

一、高校图书馆建设的作用

（一）高校图书馆在信息化建设中的作用

1. 有利于丰富教学和科研信息

在大学，一些教师、科研人员和大学生对某些探究性课题比较感兴趣，希望通过钻研来丰富自己的知识结构，适应当今社会知识经济的发展。然而，探究需要丰富的知识基础做铺垫，需要对专业知识和技能有比较深入的了解。这时高校图书馆通过提供各种服务，为教师、科研人员和大学生提供了信息检索、文献检索的平台，使他们能够第一时间了解各自专业学科的最新发展方向和发展状况，这些信息的及时提供，能够大大降低科研人员的研究成本，加快科研人员的研究进程，提升科研转化的速度。

2. 有利于高校学科信息建设

高校图书馆因为有丰富的专业知识书籍和信息资源库，对于高校的学科信息建设具有重要作用。首先，高校图书馆为学科信息提供了导航作用，有利于教师查阅各种学科资料、学科信息。其次，高校图书馆为学生提供了一个学习学科知识的平台，方便学生把握学科的方向、学科发展动态、专业出版物、专业数据库等内容。需要注意的是，高校图书馆必须加强自身的学科数据库建设，建立一套有利于本校师生学习和查阅的学科信息资料库，并建立清晰的专业目录体系，这样才能方便师生的检索。

3. 有利于校园信息网络建设

高校图书馆已朝着信息化、网络化的方向发展，这对校园内部的信息网络建设具有较大的促进作用。网络化的高校图书馆要求建立以互联为基础的计算机网络，将全校范围内的行政管理、信息管理、教学管理、科技研发等各种信息资源一一整合起来。高校图书馆不仅是校园信息的收集者，还是组织者和管理者，对于校园信息网的构建有着不可忽视和不可替代的责任。因此，高校图书馆是校园信息网的一个重要组成部分，是校园信息网络中起连通作用的枢纽。

4. 有利于师生的终身学习

高校图书馆的人文气息和丰富的信息资源营造了一个读书和学习的气氛，吸引高校师生流连于图书馆，对于培养师生的终身学习观念具有重要意义。帮助师生形成良好的学习习惯和读书习惯，有利于师生的人文修养和更新知识结构体系。当今社会是一个信息爆炸，知识更新周期越来越短的时代，需要每个人保持终身学习的观念，并学会学习。大学是为社会培养人才的场所，也是实现新知识和新技术研发的场所。无论是教师，还是学生，从学习的角度来说，都需要树立终身学习的观念。高校图书馆为师生搭建了一个良好的学习环境，也为师生提供了良好的学习资源，有助于培养师生的良好读书习惯和终身学习的观念。

（二）高校图书馆在校园文化建设中的重要性

"育人为本"是教育的根本要求，社会的发展和时代的进步给教育，尤其是高等教育提出了更高的要求。高校在做好学术培养工作之外，更要建设和谐的、多元的校园文化，以正确引导高校学生，为国家培养更多优秀人才。高校校园文化建设是一个系统工程，涉及面广、建设方式多样。在校园文化建设中，高校图书馆"并不是单纯性的学术服务机构，而是起着重要作用的文化教育设施，是校园精神文化资源的主要来源"。高校的科研教学活动均依赖图书馆展开，学生社团兴趣工作也需要图书馆的支持，因此，正确认识图书馆在校园文化建设中的重要性，有助于进一步开展校园文化活动。培养高校良好的教风、学风，其重要角色可从以下两方面体现：

1. 知识储备中心

知识储备中心——补充课堂教学知识，丰富课外知识。大学生是参与校园文化的主体，也是高校图书馆的主要读者群，高校校园文化建设的落脚点在于服务师生。图书馆丰富的馆藏资源使它成为高校信息中心，为教师教学、学生学习、科研开展和学术交流提供极大便利，尤其对于学生来说，他们的生活、学习空间有限，信息渠道来源少，知识面较窄，有限时间的课堂授课远不能满足当代大学生对知识的强烈渴求。要培养优秀的"人"，提升自身素质、完善知识结构是不可或缺的。

高校图书馆是大学生在课余生活中获取知识的有效途径，也是丰富课余生活的主要途径。图书馆藏有不同学科的大量专业书籍，也有助于完善大学生知识结构。而图书馆藏有的文艺书刊、哲学、艺术书刊等，在向专业研究者提供研究资料的同时，也给一般读者带来欣赏、休闲的机会。这不仅能丰富大学生的课外生活，也为他们补充了过多的人文知识，使他们在理解知识的基础上创造美，创造美丽的校园文化。

2. 文化活动中心

文化活动中心——丰富精神生活，传播先进文化。图书馆是高校师生开展阅读活动和其他多种形式教育活动的重要空间，是校园文化的活动中心。高校精神是关于大学发展的价值取向及其在大学运行中的体现。当其表现于物或环境时，为校风、教风、学风、学术氛围等；当其表现于人时，为大学成员体现出的集体意识、精神风貌或精神状态。

在社会主义建设新时期，高校图书馆更应当以弘扬中国传统文化和社会主义先进文化为己任，培养人格完善、知识丰富的当代新型大学生。图书馆不仅为学生提供精神食粮、为教学提供有效的资源保障和知识指导，也要通过各种活动的开展来传播优秀文化，引导大学生树立正确的世界观、人生观和价值观。

二、高校图书馆建设的策略

高校图书馆文化是校园文化的重要组成部分，二者在建设目标和价值观方面必须保持一致，以保证校园精神风貌和文化底蕴的和谐统一。为充分发挥高校图书馆在校园文化建设中的作用，高校图书馆建设可从如下三个方面入手：

1. 规范制度建设

加强图书馆制度文化建设。制度从根本上决定着图书馆的正常运作和创新发展，是图书馆、校园精神文化建设的保障。它包括图书馆管理体制及其规章制度、组织机构及其运行机制等。高校图书馆应结合自身历史传承、学科特色、地域特征、师生需求等实际情况，以适用性为指导原则，用制度规范工作，提高工作效率。

2. 合理统筹规划

加强图书馆硬件设施建设。硬件设施建设是图书馆建设的基础，为校园文化有效建设提供基本物质保障，可从馆舍建设和馆藏资源建设两方面入手。高校图书馆在进行馆藏资源建设时，须制订采购规划、满足师生读者各类需求、针对本校的优势学科、图书质量与数量兼顾、纸质资源与电子资源兼顾，合理采购、资源优配。

3. 注重精神理念

传承历史、注重个性，加强图书馆精神文明建设。精神文化是校园文化的核心和灵魂，需要通过图书馆的具体工作和活动体现出来。图书馆在日常工作中可与学校其他部门、学生社团等联合，以开展读书节、举办征文比赛、召开讲座、开展问卷调查等多种活动形式与师生展开互动，一方面充分了解师生反馈信息，及时更新馆藏资源，改进管理；另一方面可通过各种形式的活动，宣传图书馆的精神理念，增强师生凝聚力和认同感，改善学风。

因图书馆有校园建设三大项之一的重要地位，理性审视图书馆文化建设对校园文化建设的引领功能定位与社会责任，不仅有利于塑造高校图书馆整体形象，而且更能发挥图书馆应有的职能作用。为高校校园文化建设与社会主义文化进步作出积极贡献。面对新形势，应切实转变高校图书馆传统管理模式，努力开拓图书馆建设新局面，形成优秀的图书馆文化，服务于校园文化建设，使更强大的精神力量辐射师生，提升校园文化品位，保证高校物质文明、精神文明的协调发展，提升高校综合实力。

三、高校图书馆建设的创新发展

（一）优化服务功能

图书馆作为传播信息的服务平台，应在不断满足读者文化需要的同时，进一步深化服务功能。在信息网络化和学习社会化发展的今天，教育的模式和信息技术密切结合在一起。当人们迈入网络时代，传统图书馆各项服务业务已经不能满足学生，必须在传统的服务基础上有所突破和创新，积极创造条件，拓展服务范围，不断适应社会和时代的发展。

在网络环境下，图书馆生存与发展的动力来源于对"用"的深层次理解和认识，服务也发生了巨大变化，即由传统的面对面的服务，转换为"人""机"远程服务。图书馆依托电子阅览室，通过镜像数据库为学生提供信息资源，不断更新和补充网页内容。设置"学科导航"科目，指导学生优先掌握、查找利用信息。这样，图书馆在信息技术的支持下，建立起网络传递的服务平台，实施在线咨询和问答，以现代化的技术手段服务读者。

此外，图书馆服务质量的提高，才能吸引读者到图书馆学习。因此，图书管理人员需要不断学习新知识、新技术，熟练掌握现代设备的使用技能，不断创新，使知识结构现代化。只有馆员以出色的业务能力、热情亲切的服务态度、熟练的工作技巧、健康的心理素质为读者提供服务，才能吸引读者身心愉悦地到图书馆学习和咨询。

总之，优化图书馆服务功能重在每一位图书馆馆员的参与，要想方设法急读者所急，想读者所想，才能有层次、有规模、有技术地做好服务工作，出色地完成图书馆的服务任务。

（二）优化馆藏结构

图书馆作为高校"第二课堂"，是因为有着丰富的信息资源，即丰富的馆藏。优化图书馆的馆藏结构，将其作为重要的教学阵地，就需要积极改善与加强包括采编、阅览、馆藏、流通、网络等在内的各项工作，以便在各个教学环节上都能提供有效的服务。

优化丰富馆藏，必须进一步理顺馆藏文献资源，制订采购计划和采购原则，严把采购质量关，积极搜集、整理、加工，确保文献资源的连续性和完整性。要根据信息时代高校读者的需求来选购和收藏文献，把健康的精神食粮提供给读者，坚决抵制那些假丑恶的东西，使高校图书馆真正成为"知识的宝库"和"精神的绿洲"。

就高校而言，实施素质教育就是注重受教育者的全面发展。对此，图书馆在素质教育中发挥的作用之大、范围之广是不容忽视的。图书馆应从自身的职能和优势出发，更有力地配合各种教学活动。例如，举办专题讲座、读书报告会、图书馆文献展览等，内容集中于学生感兴趣的热点问题上。开展这些活动，对于开阔学生视野、扩大知识面、活跃校园文化气氛能够起到一定的推动作用。

（三）强化导读作用

导读是高校图书馆工作之一。随着发展和创新，学科愈分愈细，边缘和交叉学科不断出现，使信息数量不断增多，类型复杂，分布广泛。正因为如此，有的放矢地开展导读工作，有助于对读者进行合理指导，充分利用图书馆信息资源，更好地履行图书馆的科研情报职能。

为更好发挥导读作用，图书馆工作人员应根据读者的阅读能力、阅读习惯、阅读倾向和阅读兴趣，不断分析读者的阅读心理，指导他们更好地、正确地查询资料，为他们提供知识容量大，可读性强的精品图书，引导他们准确迅速地获取信息，最大限度地提高图书的利用率。

高校读者群，从阅读需要上划分，有求知型、研究型和消遣型；从文化程度上划分有本科生、硕士生、博士生；从职业上划分有教师、学生、其他职工等等。因此，面对不同层次、不同的阅读需求，图书馆工作人员应采取不同的导读服务，这就要求馆员不断提高自身的学识和专业素养，主动进行推荐和介绍。应着重从针对性、阶段性、学术性和直观性几方面进行有效导读。

入校新生对图书馆的学科分类，图书排架及网络服务不尽了解，应取针对性导读，指导他们在短时间内了解并掌握利用图书馆的技巧，学会查阅和索取所需文献；对想深入探索实践的读者，可以采用阶段性导读，配合教学专题活动，定期定时组织读者利用图书馆资源参加各种社会实践和专题研究，以开阔他们的视野，提高他们的文化素养。学术交流是高校长期进行的持续工作之一，利用图书馆的信息优势，及时聘请专家教授对学生进行学术讲座是一项可以长期进行的工作。把新到图书及时按学科分类放置到新书陈列架上，让读者能一目了然，这便是直观性导读，这样能快速直接地告知读者当前新书的动向，节省时间，提高图书利用率。

（四）提高馆员素质

高校图书馆的发展不仅依靠新技术和新设备的使用，更重要的是依靠馆员的整体素质。在信息化的今天，馆员的工作不再局限于简单的图书借阅服务，现代化与信息化的图书馆，要求作为一个馆员，要在多方面展开服务，如热点专题服务、动态信息服务、重大课题服务、网上参考咨询服务、数据采集挖掘整理服务等。这就需要馆员熟练掌握图书馆新的业务工作技能，为读者提供全方位的服务与支持保障。鼓励馆员多参加专业学习和知识讲座，通过多种教育方式了解和掌握先进经验与管理水平，督促馆员在各方面严格要求自己，增强自身的工作意识和服务理念。

（五）美化阅读环境

美化图书馆的阅读环境，作用在于使读者产生轻松愉悦的精神境界，读者置身其中，能激发其求知欲望的探索热情，受到美的陶冶和感染。阅读环境的优劣对读者的阅读质量起着十分重要的作用。美化阅览环境可以为读者消除紧张情绪，减轻疲劳，使其身心愉悦，提高阅读效率和学习效率。高校图书馆环境美，表现在图书馆环境所蕴含的文化精神上，是图书馆本身所特有的内涵决定的。

综上所述，高校的图书馆树立"以人为本"的管理思想，对传统体制进行创新，不断地把图书馆的工作落到实处。现代科技信息技术的飞速发展，图书馆的服务创新是一个永恒的话题。作为图书馆的工作人员，要不断地掌握现代化技术的发展动态，探索利于图书馆发展的创新服务理念，跟进图书馆的变化动向，敢于进行创新形式理念的提出，将未来的图书馆建设为一个拥有教育、科研和学习的综合性的空间，为学校的发展不断提升自身的服务水平。

第二章　高校图书馆的数字化建设

第一节　高校图书馆数字化建设概况

数字图书馆又称"虚拟图书馆",是指一种拥有多种媒体、内容丰富的数字化信息资源,能为读者方便、快捷地提供信息的服务机构。在数字图书馆中,几乎所有载体的信息均能以数字化的形式获得,信息一经数字化,众多的图书不再是散布于世界各地的图书馆中,而是传播于全球信息网络上,这样就使得信息资源得以更安全、更丰富、更永久地为人们所利用。它的存在方式是将文字、图像、声音等信息数字化,并通过国际互联网传输,从而做到信息资源全球共享。

一、高校数字图书馆建设现状

高校是教育和科研的主力,是知识型机构的代表,高校数字图书馆的建设具有战略意义。据统计,在我国普通高等院校中,目前绝大部分高校已涉足数字化图书馆的建设。

在信息化的大潮中,高校的信息化、网络化走在了时代的前列,现在几乎所有的高校和互联网建立了互联,拥有自己的机房,大部分高校建立了校园网,实现了部分的无纸化办公,拥有了自己的站点。在校园信息化建设进程的推动下,高校图书馆的自动化、数字化程度得到了极大的提高,大部分高校图书馆购进了一定量的电子资源,这些电子资源是分散存在并运行的。

读者通过专有的入口来查询和阅读这些资源。这项服务在网络阅览室或者通过校园网提供，有些高校通过购买数字资源平台，加工创建了自己的特色资源库，通过对这些数字资源库进行集成和组织，组建成图书馆数字中心或者学校的数字信息中心。

伴随着信息技术等软科学的蓬勃发展，图书馆的内涵外延和管理出现了巨大的变化，如图书馆馆藏载体种类的变化、读者需求的变化、阅读方式的变化、学术活动和信息交流的需求变化、图书馆服务管理方式的变化等。所有这些变化促使高校图书馆必须紧跟时代的发展，积极向数字化图书馆靠拢。

二、高校数字图书馆的特征

（一）信息实体虚拟化与资源数字化

在网络环境下，各类知识信息都可以方便地转化为数字形式在全球范围内传播，每一个用户都可以十分方便地使用世界上任何一个图书馆的资源。如将书刊、古籍、善本等各种文字、图像，利用现有的、成熟的技术和设备，都可以录入计算机中，以图像文件或文本文件的形式存储在各种海量的存储器上，从而实现这些资料的数字化。大量的数字化资源是数字图书馆的"物质"基础，数字图书馆中的信息绝大部分是数字化的，而且绝大部分的资源是多媒体资源，书籍、期刊、录音录像带，乃至古籍善本、稀世字画甚至光片，都消失了原本的物理形态，利用现代信息技术和网络通信技术，经过压缩等处理转变为数字信息。

（二）网络化存取与资源的共享性

高速的数字通信网络是数字图书馆的存在基础，数字图书馆依附于网络而存在，其对内的业务组织和对外的服务都是以网络为载体，得益于网络也受制于网络，数字图书馆内部本身由局域网构成，一般是高速主干连接数台服务器及工作站，外部通过数台广域网服务器面向浩瀚的互联网，网络化的存取，也带来了资源共享的跨时空，"馆藏"资源已不再是"私有"的，而是面向世界，为不同的人提供不同的服务，任何人得到的服务都是"虚拟馆"的服务，数字图书馆从以馆为中心转化为以读者为中心。

（三）分布式管理与系统的开放性

分布式管理是数字图书馆发展的高级阶段，它意味着全球数字图书馆遵循统一的访问协议之后，数字图书馆可以实现"联邦检索"，全球数字图书馆将像现在的互联网连接网站一样，把全球的数字化资源联为一体，连接成为一个巨大的图书馆。数字图书馆在共同遵守的协议之下，可以对外开放，馆间协同工作，为用户提供"虚拟馆"的服务。数字图书馆的读者可以在任何时间、任何地点从网上得到各种服务，充分体现了数字图书馆的开放性。

三、高校数字图书馆的个性化发展

随着图书馆数字信息化的发展，信息的种类越来越多，且变化频繁，信息资源呈爆炸性地增长。与此同时，知识的不断更新和科研课题的时间性与阶段性，使高校读者对信息的需求具有针对性、及时性和新颖性，并呈多元化和个性化的特征。

然而，在信息需求多样化、个性化的趋势下，人们要准确、快速地查找自己所需的信息并不容易。在需求内容上，要求提供的信息更具全面性和精确性，不再仅仅满足获得信息载体方面的信息，还需要权威性信息，并希望进一步得到经过整合与创新，能解决问题的知识。在需求时效上，要求个人的信息需求及时得到满足。在这样的背景下，高校图书馆传统的服务方式受到了严峻的挑战，高校图书馆不仅需要根据用户明确提出的个性化要求提供信息服务，而且需要通过认真分析用户个人特征和使用信息的习惯等，来发现其潜在需求并主动向他们提供可能需要的服务。

新型信息资源组织和信息传播服务，借鉴图书馆的资源组织模式、借助计算机网络通信等高新技术，以普遍存取人类知识为目标，创造性地运用知识分类和精准检索手段，有效地进行信息整序，使人们获取信息消费不受空间限制，很大程度上也不受时间限制。其服务是以知识概念引导的方式，将文字、图像、声音等数字化信息通过互联网传输，从而做到信息资源共享。每个拥有任何电脑终端的用户只要通过联网登录相关数字图书馆的网站，都可以在任何时间、任何地点方便快捷地享用世界上任何一个"信息空间"的数字化信息资源。

数字图书馆是将包括多媒体在内的各种信息的数据化、存储管理、查询和发布集成在一起，使这些信息得以在网络上传播，从而最大限度地利用这些信息。数字图书馆利用多媒体数据库技术、超媒体技术，针对数字化图书馆中各种媒体的特性，在图像检索、视频点播和文献资源等方面提出了一套有效可行的管理检索方案。

四、高校图书馆数字化建设的问题与措施

（一）高校图书馆数字化建设面临的问题

从现阶段来看，虽然我国高校在图书馆数字化的研究和建设上已起步并取得了一定进展，但是与美国相比，我们在高校数字图书馆建设过程中还存在许多需要克服和解决的难题。

1. 基础理论研究问题

数字化图书馆的概念是西方发达国家提出的，我国图书馆数字化的基础理论研究在早期很大程度上模仿西方，包括概念、模式、框架、发展方向等都直接从西方引进。在理论准备不是很充足的情况下，开始了图书馆数字化建设，直接导致高校图书馆在建设之初就存在着先天不足的缺陷。在各高校图书馆数字化建设过程中，产生了多种理论并存、多种模式并生的状态。这显然严重地制约了我国图书馆特别是高校图书馆的数字化发展进程。

2. 信息资源数字化问题

目前，我国一些高校图书馆正在加速图书馆现代化进程，资源数字化的手段，有传统的手工操作、键盘输入、数码成像技术、图片扫描数字化保存等几种形式。目前，一般高校图书馆都购进了光盘数据库或网络数据库，便于教学和科研，但对于本校图书馆资源的挖掘和使用不够，导致高校文献资源数字化发展缓慢，不能满足读者需求。因此，高校图书馆应有序地加强数字化信息的建设，优先实施本馆最有特色的文献资源的数字化。同时，运用

先进的技术手段对网络信息资源进行再加工，形成网上二次信息和三次信息，帮助用户更好、更方便地利用网络信息。

3. 信息资源的统一标准问题

由于我国的高校网络信息资源缺乏统一标准，各高校独自拟定了网络信息资源建设标准，各高校所建的网络信息资源不仅在数据库结构上不兼容，而且在用户检索界面、检索语言等方面也存在很大的差异。因此，必须建设一批高质量的、大规模的、易用的中文数字资源库，积极研制并引进国外网络信息资源建设的标准和规范，使我国的网络信息资源走上规范化的道路。

4. 信息资源重复建设问题

目前，在我国高校的网络信息资源建设中，由于缺乏一个全国性的宏观规划，重复建设问题非常严重。这样不仅浪费了存储空间，而且浪费了信息资源建设者的时间，没有给网络用户带来更多更有用的信息。图书馆网络信息资源建设应在国家统一规划下，各类图书馆从本馆信息资源做起，用统一标准建设各具特色、有所分工的数字资源库，实现资源共享。

5. 知识产权问题

数字图书馆建设的核心是信息资源。这样在建设中遇到的首要问题就是信息资源的知识产权问题，诸如馆藏数字化所引发的复制权问题，开发数据库所涉及的著作权问题等。

（二）高校图书馆数字化建设的措施

1. 改善硬件系统

加大高校数字化图书馆建设的资金投入，改善硬件系统是高校图书馆数字化建设和发展的基础。数字化发展，硬件先行，要建立起一整套先进的计算机网络系统和灵活的结构化布线系统，为日后数字化建设留足发展空间。此外，高校数字化图书馆主要以数据处理和应用为主，其最终目的是最大限度地满足全校师生访问网上资源和馆藏资源的需求。因此，在选择技术和产品时，应充分考虑其先进性、适用性、经济性，以便及时扩展和易于维护。

2. 加强专业人才建设

数字图书馆的专业人员、管理人员及其后续储备人才，是建设数字图书馆的关键。建设数字图书馆必须确立"以人为本"的原则。数字图书馆时代，图书馆馆员工作的基本模式是人与计算机的结合，也就是所谓的"人机结合"。工作人员需通过计算机和计算机通信网络来获取或提供信息服务。因此，数字时代图书馆馆员要兼备计算机技术、网络技术、通信技术知识，并要通晓知识产权（版权）保护和网络安全维护知识，即通才、复合型人才。因此，高校图书馆要实施数字化建设，首先要解决人力资源这条"短板"问题，必须注重对现有人员的信息素质培养，突出图书馆信息技术和网络技术的专业教育，使之紧跟信息化的发展步伐。引进计算机开发、运行管理和维护的专业人才，为图书馆的数字化改造、信息化发展和网络化管理做好人力资源的准备。

第二节 高校数字图书馆信息资源建设

近年来，随着我国图书馆数字化和网络化建设的发展，高校图书馆的馆藏信息资源得到了极大的丰富和发展。网络环境为图书馆信息资源组织、管理、开发和利用创造了更为有利的条件，同时也对图书馆信息资源的建设提出了更高的要求。

一、图书馆数字信息资源建设存在的问题

（一）数字信息资源没有实现共建共享

数字资源没有实现共建共享，在建设上的各自为政，势必导致利用上的封闭性，再好的资源也只能在自己学校范围内或图书馆内使用，导致建设过程中的高成本投入和利用上的局限性。一些经费短缺的普通本科高校图书馆在资金投入不足的情况下，不能购买软硬件，也难以开展数字信息资源建设，

只能在现有条件下搞一些特色数据库建设。这些数据库的建设虽然也填补了自建数据库的空白，但在满足读者需要以及共同建设、共同使用等方面，达不到预期的效果。数字信息资源分布不均匀，使得数字信息资源得不到更大范围的传播和使用。

（二）数字信息资源分布不均匀

数字信息资源分布不均匀。受学校规模、财政经费等影响，出现了数字资源分布上的"马太效应"。全国较少的院校拥有较多的资源，而大多数高校只能拥有为数不多的数据库，尤其是外文数据库，因其本身价格昂贵，很多高校没有多余的经费订购外文数据库，这样就造成了全国高校范围的数字资源严重分配不均。清华大学、北京大学、南开大学等著名高校，几乎订购了国内外所有的数字资源，最多可达近500个数字资源库；而西部经济不发达地区的高校，有的仅仅能订购10个左右的数字资源数据库，甚至没有外文数字资源库。高校图书馆数字资源建设与分布的现状，造成的"数字鸿沟""知识隔离"现象也很突出。

（三）数字信息资源建设没有良性建设机制

目前，我国绝大多数高校图书馆都没有形成良性的数字信息资源建设机制，总是根据学校经费的投入来采购数字资源，数字信息资源建设受学校投入经费的影响很大。在教育部本科教学水平评估时期，各单位都会加大对图书馆的经费投入，在此期间各图书馆的数字资源建设作为"管理手段高，利用效率好"的一个重要资源，会有一个跨越式的发展。然而，一旦本科教学水平评估工作结束后，经费马上会大幅度地下降，首要的就是减少数字信息资源的采购，这使得馆藏数字信息资源建设没有连续性，数字信息资源建设得不到良性发展。

网络信息化时代，高校图书馆数字信息资源建设是一项长期工作，高校图书馆数字信息资源建设和发展会强有力地促进教育、科研、经济等各项工作的发展。所以，高校图书馆的数字信息资源的建设和发展一定要有一个科学的、良性的、系统性的管理。在这一原则下，高校图书馆的数字信息资源建设才会有章可循，才能实现科学、合理的规划和管理，使高校图书馆数字信息资源建设的水平不断提高。

二、图书馆数字信息资源建设的措施

图书馆的信息资源是由传统文献资源和网络信息资源两部分组成的。因此，保持传统馆藏文献资源的建设，同时做好网络信息资源的建设，是高校图书馆信息资源建设都要考虑到的内容。

1. 高校图书馆馆藏印刷型文献资源的电子化

高校图书馆馆藏印刷型文献资源数字化是网络时代图书馆信息资源建设的一项重要的工作内容。图书馆信息资源数字化主要有以下两种类型：一是馆藏目录。将图书馆收藏的传统印刷型文献信息组织成联机目录数据库，投入网络，在本馆网页上提供给网络用户访问。用户对检索到的记录加以修改、编辑或套录在自己的数据库中，而后按照自己图书馆的具体情况对套录的数据进行修改和编辑，以符合本馆的使用需要。这是实现馆际互借、资源共享的基础，也是图书馆实现网络化的基础。二是各类型数据库。图书馆可根据自身的馆藏特色与技术力量，采取有效措施推进数据库建设，建立具有各自特色的数据库，提供社会化的电子信息服务，如清华大学的建筑数字图书馆。

2. 网络资源的收集、整理与利用

开发与利用网上信息资源，是充实高校图书馆信息资源的有效途径。高校图书馆的信息资源不仅仅是本馆拥有的藏书，更大的部分是馆外网络上的信息资源，因此，要把网上信息作为重要资源。互联网中蕴藏着丰富的信息内容，它包括联机目录库、联机数据库以及2000多种网上杂志，1000多种新闻媒体网络版，以及各种专利信息、各类书籍、软件等，总计100多万个信息源。其中，联机目录库有美国的"图书书目网络组研究图书馆信息网络"和"联机计算机图书中心"，它涵盖了6000多个电子图书馆，包含美国国会图书馆在内的全球600多所著名公共图书馆、大学图书馆及400多个学术机构，他们均将其联机馆藏目录通过互联网对外开放。

联机数据库系统是已连接到互联网中的各数据库的集合，其数量相当庞大，是世界上资料最多、门类最全、规模最大的资料库。其中，仅 DIALOG 系统就有 700 多个。正是由于网络信息资源具有数量巨大、种类繁多、结构复杂、分布广泛、变化频繁、价值不一等特点，加上语言障碍，使用户的使用受到限制。因此，图书馆应对其进行选择、整合，组织成方便读者利用的、符合教学和师生需求的本馆网络资源。例如，可根据大学自身的特点，建设重点学科、重大科研课题导航索引和数据库等。

第三节　高校数字图书馆的创新服务

一、高校数字图书馆服务面临的挑战

创新是高校数字图书馆建设与发展的动力，创新服务是高校数字图书馆具有深远意义的变革。飞速发展的数字技术与网络信息技术，强烈冲击着图书馆传统的服务环境和服务模式。信息形态多样化的迅速发展，不仅为图书馆读者提供了更加丰富的文献信息资源和更加快捷的文献信息获取方式，也使图书馆面临着更为激烈的竞争。高校数字图书馆能否在竞争中获取优势，实现可持续发展，关键在于持续的创新服务。创新服务是高校数字图书馆建设与发展的主题，创新服务的理念和精神是高校数字图书馆的核心价值观。

（一）信息环境变化对高校数字图书馆的影响

随着网络技术的快速发展，信息的获取方式发生了极大的变化，人们可以不受时间和空间的限制，利用计算机网络快捷方便地获得所需要的信息。

（1）开放获取（Open Access）——新型学术信息交流模式，既是一种出版方式，也是一种学术交流方式，同时还是一种信息获取途径。它目前主要有两种实现途径：开放获取期刊（Open Access Journals）与自行典藏（Self-Archiving）。它打破了大型商业出版集团垄断经营的局面，让高质量的学术论文能够直接甚至免费向用户开放,促进了科技传播。此外,因其学术信息免费易得,时效性和交互性强,学术价值高等特点,使学术信息传播的方式和环境发生了改变,减少了流通环节,缩短了流通时间,降低了出版成本,减少了获取障碍。Open Access 模式提供了一些类似图书馆的信息服务,在一定程度上与图书馆形成了竞争关系。

(2) Google Scholar/Print 新型信息服务机制。Google Scholar 和 Google Print 都来源于图书馆的传统服务,但 Google 的搜索计划用 10 年时间将 1500 多万册图书扫描入电脑,建立全球最大的网上虚拟图书馆,它们对图书馆的影响颇大。

(3) Wiki Pedia/Weblog——新型网络交流平台。Wiki 模式对图书馆产生很大的影响,它打破了文化交流常态,激励了多边参与和积极互动。Wiki 模式赋予每一个参与者两种可能的角色:知识的阅读者和创造者。开放性的服务是 Wiki 模式的突出特点,赋予了公益性信息服务以新的活力,逐步形成了一种不计利益但求奉献与团结协作的文化氛围。

(二)信息机构对高校数字图书馆的影响

随着网络的快速发展,促使一批新兴的信息服务机构和信息咨询机构,如雨后春笋般涌现,它们凭借自身的计算机、通信技术优势和灵活的经营机制,从非信息服务机构转而跻身于这一新兴的服务领域。它们的这些优势以及雄厚的经济实力、专业的技术人员,与高校数字图书馆形成强有力的竞争。

(三)用户需求变化对高校数字图书馆的影响

随着信息化和网络化的快速发展,高校图书馆用户需求发生了深刻而明显的变化。主要表现在:用户信息需求的广泛性,其延伸到国内外的政治、经济、科技、教育等等;用户信息需求的精品化;用户信息需求的个性化;用户信息需求的及时性;用户信息需求的系统性;用户信息需求的层次性。这些都给高校数字图书馆的服务提出了严峻的挑战。

二、高校数字图书馆服务工作的新变化

1. 文献信息源数字化

随着现代信息技术和网络技术的迅猛发展，电子信息源不断发展，高校数字图书馆除了提供传统的纸质文献外，更多的是提供 CD-ROM 出版物、数据库、联机检索信息源、互联网信息源等新型信息资源。这些新型的信息资源不仅数量巨大，类型繁多，而且取用方便，将极大地丰富高校数字图书馆读者服务的内容，成为未来高校数字图书馆信息资源的主体。

2. 服务手段网络化

现代信息技术成果和网络的发展使高校数字图书馆的服务手段发生了变革，计算机检索和网络信息检索等新型文献服务手段不仅扩大了检索范围，而且提高了检索效率。此外，还可开展网上预约、网上图书借还、网上催还图书等流通新业务。

3. 服务方式多样化

现代信息技术和网络的发展使图书馆的服务空间拓宽了，服务方式也日渐多样化。网络环境下的参考咨询已不再限于传统的一对一服务，图书馆可以通过各种数据库和联网检索系统扩大信息咨询的范围，增强咨询效果。此外，较深入的专门性咨询还可以通过引入电子论坛、咨询讨论组和网络合作咨询等方式，在更大的范围内提供优质服务。

4. 服务内容广泛化

网络信息咨询不仅将传统参考的内容搬上了网络，而且增加了许多新的内容，如网络导航、网上查新、网上专题咨询、镜像数据库服务、远程检索服务、网络咨询协作系统服务、网络检索工具介绍与评估、网上用户培训等。此外，还承担了咨询数据库建设和网络信息整序等一些高端的服务项目。

5. 服务对象社会化

网络环境下的图书馆事实上已成为整个网络体系的一个节点和组成部分，每个上网主体均可利用网络系统内任一图书馆的文献信息资源。就某个图书馆而言，任一通过网络使用本馆信息的人，均可成为本馆用户。

三、高校图书馆创新服务的主要内容

1. 创新检索服务

数字图书馆最基本的访问服务是馆藏检索。对数字化馆藏的要求是目录应与馆藏本身无缝连接，以便远程用户也能找到并显示书目信息和原始信息本身。其中，馆藏不仅包括各种数字化的信息，而且包括各种数据库资源、镜像服务资源以及经加工整理后的网络信息导航检索。

2. 创新参考咨询服务

参考咨询服务是数字图书馆信息服务的一个重要内容，数字图书馆应深入社会各阶层，加强与用户的联系，了解用户的需求，开展参考咨询服务。传统图书馆行之有效的参考咨询服务在数字图书馆环境下，应拓展为基于网络的交互式智能化咨询服务机制。

概括起来，主要有以下几种形式：①提供多层次的咨询服务接口，包括FAQ链接、帮助与指导手册、用户讨论组以及通过E-mail或论坛等交互方式，实现用户与虚拟咨询员的在线或离线讨论；②对用户的网络信息检索过程进行现场智能化引导，检索失败时，提供有效的解决方案和操作指导；③针对用户的信息需求进行智能化推送服务，这是一种在用户的检索过程中自动提供与用户需求相关的新资源、新服务介绍和链接的现场报送方式；④设立交互式咨询台，直接解答用户输入的疑难问题。

3. 信息筛选和选择性传播服务

信息选择性传播或定题信息服务在资源提供的丰富性与服务手段的方便、快捷、智能化等方面，具有传统图书馆不可比拟的优越性。数字图书馆充分利用现代化的信息技术手段和丰富的馆藏信息资源以及网络信息资源，能够深入社会生活的各个方面，了解用户的信息需求，为用户提供更优质的定题信息服务和专题信息服务。采用电子邮件式报送、网页式报送、专用信息发送与接收软件服务等网络信息推送技术，向用户定期提供事先选定的专题信息。

筛选服务可以通过编制原始信息的摘要向用户提供增值服务。信息筛选的有意义的延伸是利用数字图书馆固有的连接性能来进行合作筛选。在筛选过程中，用户对馆藏信息进行评价，这些评价又为广大用户所共享。因此，热门的内容就很容易被找到，人们能够通过相似的概要特征找到别人已发现的有用信息。

4. 创新用户教育和培训

对用户进行教育和培训是数字图书馆信息服务的一项重要内容。数字图书馆将把正规、非正规和职业学习过程更紧密地统合在一起。数字图书馆提供了打破学校"围墙"的新机遇，使人们无论在哪里、无论什么时间想学习都可以。除了提供丰富的学习内容，馆员还帮助用户获取寻找信息的技巧。数字图书馆支持合作性远程学习，在帮助参与者准确提出问题、寻找相关材料以及解释和应用信息等方面提供中介服务。

四、高校图书馆创新服务策略

实现创新服务要坚持文献信息的更新，要适应读者知识需求的更新。因此，高校图书馆要注意强化服务质量意识，拓宽服务范围，刺激服务需求，增加服务内涵，提高服务效益。

（一）加强网络资源开发

从网络上搜寻可用的信息，经过重新组织后，供用户和参考馆员使用。充分利用网络，加大数字信息资源的开发，注重特色数据库的建设。网络环境下，高校数字图书馆的竞争力在于特色，要集中力量加强特色数据库的建设。

（二）开展网络信息服务

高校数字图书馆要充分利用网络延伸业务，为用户或潜在用户提供有关图书馆服务的信息；提供社区信息或图书馆所在机构的信息；为专门用户提供专门信息；指导用户利用网上信息资源；为图书馆联机目录或图书馆建立的其他数据库提供链接；为用户与图书馆馆员的沟通提供渠道。要充分利用网络这个交互式交流平台，开辟新书推荐、书评、读书竞赛等多种形式的网上图书宣传和导读活动。

读者通过电脑上网进入高校数字图书馆主页，就可以得到有关图书馆的介绍、馆藏文献资源的结构布局、流通情况等信息，还可以进行资源目录、主题词、ISBN 的查询，或者了解自身的借阅情况，进行网上预约借书；读者只要提供本人的 E-mail 地址及与其课题相关的关键词，便能定期收到图书馆馆员直接传送到其电子信箱内的相关书目信息。此外，高校数字图书馆还可通过电子阅览室向读者提供电子出版物和网络信息服务。高校数字图书馆要依靠现代信息技术，开展信息打包、信息镜像、信息推送、信息代理等多种服务。

（三）提供专业信息导航服务

在新的信息环境中，读者往往要求直接获取某一方面的知识信息，如某一事实、某一数据等，并且要求获取信息的方式便捷。高校数字图书馆应该重视读者的这一需求，为特定读者群开展定题检索、查新、编译、科研追踪、科研成果转化等业务。每个高校图书馆在自身的发展过程中，都会形成自己的文献特色和专业优势。利用这种长期积淀的文献资源优势，并结合网络技术构建专业信息导航站点，为用户提供导航服务。

（四）强化用户的个性化服务

个性化服务是读者对高校图书馆的基本要求。所谓个性化服务，即专门对个体需求开展的针对性服务，就是利用智能代理和信息推送技术，通过用户对信息资源、界面、检索方式和检索结果的定制，了解和发现用户的兴趣，主动从网络上定制信息，经筛选、分类和排序，按用户的特定需求，通过用户定制的网页或邮件系统，主动推送给用户的现代信息服务。目前，提供的个性化服务主要有定题服务、定题跟踪服务、实时咨询、个性化链接等。

（五）创新网络教育

网络资源以数字化形式散布于全球的各个服务器中，如何更好地利用它们，对大多数用户仍是个问题。高校数字图书馆应针对不同层次的读者开展各种专业知识和网络信息技能的培训，帮助用户掌握网络环境下迅速获取和有效利用各种信息资源的方式。因此，对用户进行网络知识方面的培训是非常有必要和紧迫的。

现代化的图书馆要有现代化的服务，而现代化的服务就必然要求有熟悉现代信息服务的用户。现代信息技术和网络的发展改变了用户获取信息的方式，用户可以通过计算机网络便捷地检索和使用信息，大大提高了工作效率。但应该看到的是，目前仍有一部分用户对网络知识还不是很熟悉，缺乏网络检索的能力，这就要求图书馆必须加大对用户的培训和教育力度。

第三章　高校图书馆阅读推广概况

第一节　高校图书馆阅读推广的含义

一、高校图书馆阅读推广的定义

阅读推广是否应该成为图书馆主流服务之一，阅读推广的含义又是什么？《阅读推广手册》《公共图书馆宣传推广与阅读促进》等文件和规章制度都没明确给出答案。但国内学者们普遍持有的观点，即作为全民阅读推广的重要动力源泉，也是全民阅读的前沿阵地，图书馆应该充分利用其自身优势，开展阅读推广，促进全民阅读，构建书香社会。至于前面两个问题，学者们并没有过多地纠缠，而是将研究和工作的重心放在了如何提高阅读推广效益等主题上。

至于阅读推广是否已经成为图书馆的主流服务，虽然目前很多图书馆都设立了独立的专门负责阅读推广工作的部门或专职人员，但就国内图书馆现状而言，起码在高校图书馆范围内阅读推广暂时还不能说已经成为主流服务。至于什么是阅读推广，目前国内图书馆界主要有以下五个具有代表性的"阅读推广"定义：一是，图书馆阅读推广活动是图书馆作为推广主体，通过一定的推广媒介，利用特定的设施设备，选择适当的阅读内容并对活动形式进行一定的设计，从而对阅读推广的客体对象（特定的读者群体）施加影响，并接受反馈，不断调整，以达到最佳效果的所有工作（谢蓉，2012）。二是，图书馆服务形式中应包含阅读推广；阅读推广的对象是普通公民，但应该重点关注那些不能正常利用图书馆的各类读者；阅读推广是通过形式多样的活动加以外化的服务；阅读推广是通过图书馆馆员介入的方式来开展服务的；阅读推广的最终目标是通过阅读培养公众的阅读饥饿感，从而提高公民的素养（范并思，2014）。三是，阅读推广，顾名思义就是推广阅读，简言之就是社会组织或个人为促进人们阅读而开展的相关活动，也就是将有益于个人和社会的阅读活动推而广之；详言之就是社会组织或个人，为促进阅读这一人类独有的活动，采用相应的途径和方式，扩展阅读的作用范围，增强阅读的影响力度,使人们更有意愿、更有条件参与阅读的文化活动和事业（张怀涛，2015）。四是，阅读推广是为了推动人人阅读，以提升人类文化素质、提升各民族软实力、加快各国富强和民族振兴的进程为战略目标，而由各国的机构和个人开展的旨在培养民众的阅读兴趣和阅读习惯，提高民众的阅读质量、阅读能力、阅读效果的活动（王波，2015）。五是，大学图书馆阅读推广，主要是针对大学生的阅读推广活动，是大学图书馆工作者根据图书馆的文献收藏，针对读者，尤其是广大大学生读者的阅读需求而开展的特定的文献信息推荐及阅读组织活动（王新才，2017）。

那么，高校图书馆阅读推广的定义又该如何界定呢？2015年，最新颁布的《普通高等学校图书馆规程》中明确指出，图书馆的主要职能是教育职能和信息服务职能。图书馆应该充分发挥在学校人才培养、科学研究、社会服务和文化传承创新中的作用。所以，狭义的高校图书馆阅读推广是以高校图书馆为主导，联合校内外其他部门或单位，利用各种渠道和资源，向师生读者宣传推广图书馆及其资源和服务，旨在培养师生阅读兴趣、习惯、能力和专业学科知识为目的的一系列推广阅读的活动及措施。而广义的高校图书馆阅读推广则应该体现高校的社会服务功能，其客体对象还应包括社会大众，其目标也应上升至提升国民阅读素养和文化水平。

二、高校图书馆阅读推广的构成要素

阅读推广与其他事物一样，在其构成中必须具备一些不可或缺的组成要素，总体上看，必须包括主体、客体、对象、目标、活动和效果。高校图书馆阅读推广的主体即阅读推广组织者，是指阅读推广发起者，具体指高校图书馆，或是以高校图书馆为主导的有校内外其他相关利益者积极参与的临时或固定的组织，或是以校内外其他相关利益者为主导的有高校图书馆积极参与的临时或固定的组织。高校图书馆阅读推广的客体，是指阅读推广的目标群体，主要包括在校师生，也包括社会大众和组织。高校图书馆阅读推广的对象，是指阅读推广过程中向客体推广的内容，主要指各种类型和载体的文献资源、阅读工具、阅读理念和文化等。高校图书馆阅读推广的目标，是指阅读推广所期望起到的作用和实现的意义，也就是为什么推广，具体指如何提升师生阅读素养和综合素质，如何促进社会大众走进图书馆利用资源。高校图书馆阅读推广活动，是阅读推广的载体，是阅读推广采用的主要形式。高校图书馆阅读推广的效果，是指阅读推广产生的影响和结果是否与所希冀的目标一致。效果可分为显性效果和隐性效果。

三、高校图书馆阅读推广的特点

相对于公共图书馆，高校图书馆阅读推广工作除了具有文化传承性、公众参与性、社会公益性、定位多向性、主动介入性、成效滞后性等特点外，还具有以下特点：

1. 活动主客体一体性

总体上，高校教师和大学生具有良好的文化素养与综合素质，有能力也更有意愿转换为阅读推广活动角色，充当活动主体。新媒体时代下，借助于互动性强的信息传播技术，师生读者更能快速地转换角色。所以，高校师生及相关组织经常既是阅读推广活动的主体又是活动的客体，二者时常融为一体。

2. 活动客体单一性

就目前而言，高校图书馆阅读推广活动最主要、最大的客体群体来源是比较单一的校内师生读者及相关组织，复杂的层次多样的校外社会大众读者只是零星地散落在各种活动和师生读者之中。

3. *活动对象专业性*

由于活动客体的特殊性，所以相对于公共图书馆，高校图书馆阅读推广活动内容所选择的资源和内容往往具有较强的学科专业性与较高深的学术理论性。

4. *活动效果显著性*

虽然阅读推广活动效果评价一直难以定量统计，但高校图书馆阅读推广活动效果在一定程度上还是可以从教师的教学水平和质量、教科研水平和学生的学习成绩、综合素质等指标上，进行适当的定量分析与评价。

5. *活动目标特殊性*

相对于公共图书馆开展的践行阅读自由和公平等阅读推广活动，高校图书馆阅读推广活动更多关注的是师生读者的阅读质量和品位，以及高校和高校图书馆的人才培养目标和宗旨。

四、高校图书馆阅读推广的目标

阅读推广的目的是激发读者的阅读兴趣和提高读者的阅读能力（岳修志，2012）。阅读推广的理论目标是引导缺乏阅读的人阅读，训练有阅读意愿而不善于阅读的人阅读，帮助阅读困难的人阅读，为具有较好阅读能力的人提供阅读服务（范并思，2013）。阅读推广的目标不是简单地提高读者的数量，更重要的是为了读者本身的发展、提升读者的阅读兴趣、培养读者健康的阅读习惯（施晓莹，2014）。阅读推广主要指以培养一般阅读习惯或特定阅读兴趣为目标（于良芝，2014）。然而，由于高校图书馆不同于公共图书馆，作为高校三大支柱之一，其活动的开展必然与教学、科研存在着千丝万缕的联系，活动的目标不可能完全脱离促进专业学科学习、各类考试、创新创业教育等人才培养目标，而只是单纯地培养阅读兴趣爱好和能力。所以，狭义的高校图书馆阅读推广，即以图书馆为主导联合其他部门和单位，在充分利用现有资源的基础上，开展培养师生阅读兴趣、习惯和能力，提升师生专业技能和综合素质的系列活动，旨在实现学校教育教学目标和图书馆宗旨。广义的高校图书馆阅读推广应该体现高校的社会服务职能,其对象还应包括社会大众,其目标要上升至提升国民阅读素养。正如北京大学图书馆提出的观点,即作为高校图书馆必须兼顾各类学生要求,兼顾各项职能的落实,必须将畅销新书、休闲类书籍的阅读推广与严肃的学术类书籍、教学类书籍的阅读推广相融进行或交替进行,阅读推广不能只看读者参与人数和社会反响程度,还要看是否与高校图书馆的任务和宗旨相符合。

五、高校图书馆阅读推广的类型

有学者曾将高校图书馆阅读推广分为教育功能与使命、深化阅读、信息保障、和谐关系和艺术鉴赏五大类;另有学者从阅读推广内容的角度,将其分为阅读文本推广、阅读工具推广、阅读方略推广、阅读理念推广和阅读文化推广五种类型;也有学者从阅读推广活动的角度,将阅读推广分为微推广、小推广、中推广、大推广、巨推广和宏推广六种类型。此外,从阅读推广其他构成要素角度划分,高校图书馆阅读推广还可以分为以下几种类型:从活动主体角度出发,可分为图书馆主办类、协办类和联合主办类等;从活动客体角度出发,可分为学生类、教师类、师生类、社会大众类等;从活动对象角度出发,可分为推广图书馆类、推广资源类、推广服务类等;从活动功能角度出发,可分为休闲娱乐类、社会服务类和专业学术类等;从活动目标角度出发,可分为阅读能力提升类、阅读兴趣培养类和阅读方向引导类等;从活动地点角度出发,可分为馆内类和馆外类;从活动周期角度出发,可分为定期类和不定期类等。总之,不同类型的阅读推广活动有着不同的目标和效果,可以满足不同读者的个性化阅读需求,高校图书馆应该根据不同读者的阅读需求采取不同的推广策略,开展不同类型的阅读推广活动。

第二节 高校图书馆阅读推广的问题

高校图书馆是高等学校发展的产物和重要的教辅部门，同时也是社会体制变革和科学文化事业发展的公共产物。作为学校的文献信息资源中心和区域内的社会文化知识中心，高校图书馆不仅需要为学校师生提供服务，也应该充分利用自身和校园内丰富的资源优势为社会大众提供阅读与信息服务。多年来，高校图书馆的阅读推广工作水平有了大幅度的提升，服务活动取得了显著成效，但总体工作水平和质量与发达国家相比，还有较大的距离。工作中存在的不足之处，原因有多种，比较突出的表现在以下几个方面：

一、机构人员不齐备

加强组织机构和人力资源建设，是图书馆发挥阅读推广作用和效益的首要保障。目前，国内高校图书馆独立设置阅读推广部门的不多，多数高校图书馆阅读推广工作仅靠非专设部门的临时人员开展阅读推广工作。另外，阅读推广工作组织团队人员的构成相对单一，缺乏跨专业（如营销、艺术、计算机等）推广人员参与，更没有采取措施积极主动地吸纳读者、院系和区域内其他高校图书馆、公共图书馆、书店等相关部门的加入。

二、规章制度不健全

虽然部分高校图书馆坚持每年单独制订阅读推广工作计划，也编制专项活动经费预案，但缺乏总体的长期规划和相应的规章制度，无法保障阅读推广持续、快速、健康发展。例如，活动方案制定没有调研论证机制，仅凭个人经验和喜好；活动开展没有监督机制，无法保障活动公平、公正、公开的原则；活动没有成绩认证体系，活动结果和参与者的成绩得不到宣传与肯定；活动没有经费使用具体细则，经费使用不够科学合理；活动没有评价体系，仅凭活动参与人数、参与领导规格衡量，无法进一步提高活动质量。

三、资源保障不到位

高校图书馆读者阅读需求既分散又集中。大学生读者阅读需求分散是指不同年级、不同专业、不同个体之间的阅读能力不同，阅读兴趣爱好也不同，阅读需求个性化特征比较显著；阅读需求集中是指大学生在考试复习、考证准备、毕业求职等活动前期，往往对某些特色类的资源需求量较大，时间也很集中。教师读者阅读需求分散是指不同学科专业、不同年龄层次、不同个体之间的阅读能力不同，阅读兴趣爱好也不同，在承担教学任务期间阅读需求区别较大；阅读需求集中是指每当假期来临之际或在假期内，教师一般比较集中地从事教科研活动，对教科研文献资料的需求量比较大。而校外读者的阅读需求个性化更为明显，与校内读者相比，他们的信息素养普遍较低，需要高校图书馆有针对地开展相关培训，以提升他们的资源获取能力。校内外读者阅读需求特性，加上读者资源需求无限大和馆藏资源有限性的矛盾，使拥有丰富资源的高校图书馆在某一特定周期和时间节点上，往往也存在馆藏资源不足的状况。同时，由于图书招标和采购制度不合理等原因，图书馆资源满足读者需求的能力不高，大量的资源长期处于闲置状态，而需求量大的资源却又得不到及时补充。

四、工作理念不合理

阅读推广目标是活动的方向，主题是活动的灵魂，内容则是活动的躯干，目标需依托主题活动内容来实现，三者相辅相成，缺一不可。所以，高校图书馆阅读推广活动的工作重心应该在于读者及其阅读需求，部分高校领导或图书馆领导及工作人员还没有彻底转变工作理念，而是将阅读推广视为政治任务或形象工程，导致活动偏离了工作目标。具体表现在以下四个方面：第一，活动主题不够明确，主题过于宏大、生硬，缺乏针对性，讲究点多面宽，内容与主题脱节，形散神也散，无法满足读者的实际阅读需求。第二，活动缺少特色，过度强调活动的连续性和过分依赖其他组织推广案例的引导示范作用,活动缺乏创新,品牌意识不足,不能调动读者的参与热情。第三,活动同质化现象严重,图书馆可能迫于资源紧张和资金不足等压力,活动内容和项目虽然逐年增加,但技术含量和学术水平不高,长期随意开展同质化、低水平、组织难度低的活动,有"形象工程""走场作秀"之嫌。第四,活动宣传效果不理想,活动宣传途径虽多种多样,如海报、横幅、展板、图书馆网站等,但总体上缺少技术含量,没能充分利用读者喜好的微博、微信等新媒体,也没能直接深入读者的日常生活和工作过程。

五、活动支持度不足

高校图书馆开展阅读推广活动,面向的是校内外数量众多的不同类型的读者。仅靠图书馆有限的力量和资源"唱独角戏"肯定无法取得预期的效果,行之有效的工作局面应该是由图书馆统一指挥的一场"交响乐"。但现实中,活动经常得不到应有的支持和帮助,甚至得不到关注和理解。一方面,内部支持不足。由于活动在馆内事先未能广泛宣传和积极动员,导致馆员思想不统一,行动不协调,团队协作不足。另一方面,外部支持不足。学院领导及其他部门负责人除了参加活动的开闭幕式外,基本不了解活动的具体内容,也不会主动给予活动必要的支持。此外,有的部门担心影响到自己的工作,不理解、不支持图书馆开展的阅读推广活动。

第三节 高校图书馆阅读推广的发展建议

阅读推广作为图书馆现阶段最具活力和人文关怀的服务,对于读者阅读现状和阅读推广工作中的问题,需要高校图书馆在阅读推广中进一步加强理论自觉和管理自觉。高校图书馆要建立工作长效机制,要大胆借鉴营利组织的营销等理念,再结合先进的科学技术,采取多种措施,吸纳各方资源,转型升级阅读推广工作。

一、健全组织机构

（一）搭建校内三级管理机构

建立健全三级管理机制，即学校层、图书馆层、院系与学生层。首先，成立学校阅读推广委员会，从宏观角度组织活动管理，着重加强活动第三方监督机构建设和成绩认证、效果评价、经费管理机制。其次，图书馆成立专门的阅读推广组织机构，并充分吸纳其他专业学科馆员，加强团队建设，制定活动实施方案或指导院系和学生组织开展活动。最后，院系和学生社团分别成立阅读推广分会，协办和承办图书馆层设定的活动，也可以在图书馆层的指导下，自行组织活动。例如，山东师范大学学生社团在图书馆的指导下，以"读者带动读者，读者感染读者，读者指导读者"为理念，开展的"创新阅读推广——创意悦读"活动。

（二）建立区域阅读推广联合组织

高校图书馆需要整合校内资源，联合公共图书馆、书店等机构和组织来开展服务范围更广的阅读推广活动。例如，2015年12月，在铜陵职业技术学院校园内，成立了国内首个融高校图书馆、公共图书馆与新华书店为一体的"三合一"图书服务中心，并于当月面向全体市民和全校师生服务，升级了传统"新书通道"阅读推广模式，借鉴了内蒙古图书馆推出"彩云服务计划"，开展了以"你读书，我买单"为主题的"现场买书、现场借阅"活动，以"还民于图书采购权"的模式，吸引读者走进图书馆利用图书馆资源。

二、完善规章制度

（一）推行阅读推广个人负责制

提高活动参与的积极性，不仅包括读者的积极性，还应包括馆员的积极性。图书馆应积极推行阅读推广人制度，健全相关工作职责和规章制度，明确绩效考核办法，将阅读推广与职称评定、职务晋升直接挂钩。一方面，可以促进工作的顺利开展；另一方面，可以提高馆员的工作积极性，预防职业倦怠。同时，应积极尝试由某一馆员组织开展一项阅读推广活动。网络信息化时代，图书馆还可以通过网络论坛、贴吧、微信群等平台，鼓励读者组织开展小微主题的阅读推广活动，以便进一步提高活动的参与性、互动性和连续性。

（二）完善经费管理办法

经费一直是制约活动效果的重要因素之一，因此，图书馆必须坚持以下原则来加强经费的管理工作：一是依法原则。依据国家相关财务管理制度，建立科学合理的活动经费预决算及使用管理办法，并予以严格执行。同时，图书馆还应采取各种合法的措施积极扩展活动经费来源渠道，如争取政府、资源供应商、企业家赞助活动奖品等。二是节约原则。合理规划使用活动经费，将"好钢用在刀刃上"，要避免铺张浪费的开闭幕式；利用新媒体手段开展线上宣传，减少传统横幅展板的使用；活动的精神奖励和物质奖励并举，适当增加物质奖励的比重等。三是效益原则。总结往年的活动成果，科学调配活动项目间的经费比例，如效果好的征文、读书明星评比等活动，应该扩大活动参与范围和奖励额度；效果并不明显的专家讲座活动，则应该邀请广受欢迎的专家予以替代等。四是监督原则。活动开展过程中，要加强监督工作，保障活动的公平、公开、公正等原则。在经费的使用过程中，要加强民主监督和经费使用公开工作，同时图书馆还应该积极广泛地吸取馆员和读者对经费使用的意见与建议。

（三）构建成绩认证体系

对具有检验大学生专业和综合素质的活动，图书馆应积极向学院申请并取得其他部门的支持，以加强活动成绩认证工作，调动读者对活动的关注度，提升其参与的积极性。

1. 活动成绩与课程学分挂钩

图书馆应尝试与教务处联合举办如征文、知识竞答等活动，对表现优异的学生予以课程学分奖励，或以开设信息素养公共课的模式，全面推进各类经典文献阅读。

2. 活动成绩与学生发展挂钩

图书馆应加强与学生处合作，制定有关学生管理办法，在各类评优、评先进工作过程中适当倾斜支持参加义务协管员、送书下乡等公益性活动或组织阅读推广活动的学生。另外，盖印学校公章的活动认证对大学生的就业也有帮助。

3. 加强成果的宣传工作

图书馆应加强与宣传部合作，通过学报、网站、电台等途径开辟专栏，对活动开展全方位、立体化的宣传报道。此外，有条件的图书馆还可以尝试出版发行内部专刊宣传阅读推广。同时，对成绩突出的个人或事迹，还应力争在更高级别的媒体上予以宣传报道。另外，在《致家长的一封信》中予以表扬，对于学生来说可能更为珍贵。

（四）完善工作评价机制

相对于公共图书馆，高校图书馆阅读推广工作起步较晚，规模较小，总体水平也较低。就目前来看，高校图书馆阅读推广普遍存在工作水平参差不齐和工作机制不够完善两大问题，导致服务活动质量和效益较低。需要通过评估进行总结，以便转型升级提质。在评价过程中，要避免将大学生的自身原因归结为阅读推广的主要问题，或认为图书馆工作的不足是大学阅读问题中的次要原因，而要基于图书馆和读者两个角度用实证方法来评估阅读推广工作。目前较为流行的阅读推广评价方法有图书馆服务质量评估体系（LibQUAL+TM），在具体开展评价时应坚持以下原则：一是客观性原则，即评价要客观和公正，结果要科学有效；二是完备性原则，即评价指标要能覆盖活动的各个方面，做到全面、细致；三是定性与定量相结合原则，即评价要在分析大量原始数据的基础上，归纳活动的相关本质属性；四是可操作性原则，评价体系及指标要简明扼要、易于操作、短小精练。

（五）完善其他管理制度

图书馆的管理决定了读者的读书兴趣。在阅读推广过程中，图书馆应不断健全、完善各项基本管理制度，不断加强对馆员、协管员及读者的管理与指导，为阅读提供良好的制度环境和文化环境。

三、优化阅读推广策略

（一）明确活动主题

活动主题是活动目标的表现形式，也是活动内容的外部形态，在确定主题过程中应坚持以下原则：一是创新与亲民结合原则。主题应有创意，要富有大学文化时代特征，同时也要接地气，贴近读者需求，使主题具有"亲和度"。例如，吉林大学图书馆创建的"白桦书声"校园朗读分享平台，将阅读推广与学生自我展示、校园会议、青春回忆相结合，引发了广大读者的共鸣。二是"舍大求小"原则。活动主题要密切联系目标与内容，要有针对性，短小精悍，不必过分注重活动范围，如书法展明确针对有特殊才华的学生，会容易引起相关读者群体的重视度和认可度。三是逆向思维原则。最简单的创新就是反向思考，如创新传统的"好书推荐"阅读推广，将图书馆给读者推荐转变为读者给图书馆推荐，还可以继续延伸让读者给父母推荐图书。再者如深圳职业技术学院图书馆将从未被借阅过的书挑选出来，以"谁都没有借过的书"为主题搞展览，激发读者的挑战欲望。

（二）合理设定活动内容

目前，大多数图书馆设定的阅读推广内容，还没有深入到对读者心理和读者收获的研究，也没有对活动自身运动规律进行研究，造成活动同质化现象严重。因此，图书馆在制定方案过程中，应坚持以下原则：一是继承与创新相结合。活动效果好的要发扬光大，同时在形式上也应不断创新，保持活动的连续性并形成品牌效益；活动效果不明显的应予以总结与反思，通过改变内容和形式，提高活动效益。例如，"知识竞答"可以尝试电视娱乐节目《一站到底》的模式开展；"说书"比赛可尝试改为"说课"比赛。二是深阅读与浅阅读相结合。新时期大学生阅读需求和层次迥异，阅读推广不能再拘泥于传统阅读和深阅读，应将新媒体阅读和浅阅读作为其延伸与补充，为读者提供特色服务，满足他们的个性化需求。三是读书与读图、读媒相结合。图像经典也是经典，读图也是一种享受，人在享受图片中增加智慧是一种高级智慧。同时，"流媒体"的出现进一步实现了资源的全球共享，图书馆在阅读推广过程中也应注重培养学生读媒的技能。四是专业性和趣味性相结合。当活动内容具有很强的专业性时，就需要在形式上活泼些。例如，开展以游戏闯关模式的专业知识竞答；设计易于识别的活动标志为活动形象代言；以养生、保健、自然科学充实传统专家讲座等。

四、开展个性化阅读推广

阅读推广的目的是满足读者的阅读需求。只有深入了解读者的个性化阅读需求，才能有效地组织活动，从而达到事半功倍的效果。图书馆应该结合分级阅读理念，运用大数据、新媒体等技术，积极开展个性化阅读推广，满足读者多样化的阅读需求。

（一）大数据与个性化阅读推广

业内外诸多实践证明，移动互联网与数据挖掘技术的融合发展必将成为打开读者真实阅读世界的一把"钥匙"。图书馆阅读推广大数据主要包括图书馆业务数据、文献数据和用户数据三大类。其中，文献数据和用户数据是读者阅读信息，是个性化阅读推广的方向。一方面，图书馆应该加强与图书管理软件开发商、数字资源供应商等校外机构合作，分析读者借阅、咨询、数据库利用和参与图书馆事业等大数据，掌握读者的阅读属性（包括阅读记录、兴趣、能力、需求、趋势等），开展个性阅读服务。例如，中山大学图书馆提取读者阅读属性，为每位读者量身定制精美的"借阅足迹卡"，记录其阅读记录和成果，受到了读者们的欢迎和分享。另一方面，图书馆应加强与教务处、学生处、团委等校内机构合作，分析读者办证、学籍、学习考试、社会活动、网上冲浪和家庭等信息大数据，掌握读者的自然属性（包括年龄、性别、爱好、专业、特长等），开展基于分级阅读理论的阅读推广和网络关联文献推荐服务等个性阅读推广。大数据不仅能掌握读者的个性化阅读需求，还具有牢固阅读推广主体之间的关系和提升阅读推广效果评价说服力等功能。在国务院印发的《促进大数据发展行动纲要》中明确提出："要强化安全保障，提高管理水平，促进健康发展。"图书馆在使用读者大数据的过程中，要特别注重对读者隐私的保密工作，维护读者对图书馆最基本的信任，保证图书馆事业获得读者的尊重与支持。

（二）新媒体与个性化阅读推广

新媒体阅读推广已不再是简单的阅读内容推广，读者的阅读需求具有社会性，他们渴望交流与互动，容易受到其他读者的影响。所以有人说："无社交，不阅读""无传播，不阅读"。新媒体（如博客、微博、微信、百度官方贴吧、个人门户类网站）不仅可以拓展推广渠道、丰富推广资源、扩大推广范围，还可以增强潜在线上群体的黏合度、提升推广速度、降低推广费用，实现个性化阅读推广。新媒体发展至今，大多平台之间已经实现内嵌和交叉功能的重叠，图书馆可以结合实际需要，着重将一种或几种新媒体全面渗透至阅读推广过程中，并同步组织线上与线下活动，使两者相辅相成共同发展，全面满足读者的个性化阅读需求。同时，还要善于利用新媒体的互动与转发功能，利用其强大的"生态圈"，注重活动品牌的建立。一方面，加强线上宣传活动。利用"微信订阅号"发起阅读推广活动项目投票，让读者参与决定活动的内容与形式，满足读者实际阅读需求；利用图书馆官方微博、微信平台，以文字、PPT、视频等形式发布活动公告，即时报道活动进展，提高活动的互动性和趣味性；利用"微信公众号"向读者推送活动消息，并设置自主报名系统，方便读者参与活动。另一方面，组织线上推广活动。利用社交网站建立阅读推广公共主页，聘请师生读者为管理员、版主，通过论坛开展阅读讨论，增强活动的互动性；利用微博结合社交网站，寻找校内具有共同阅读属性的读者，开展线上阅读推广活动，并在活动专题页面中添加网上购书链接，实现资源采购"还权于民"，提高活动参与的便利性；利用微博开展微书评、微话题等，以浅阅读引导深阅读，并引入积分体系激励读者参与活动。图书馆在组织线上活动的同时，还应加强线下信息共享空间一站式服务，方便线上线下同步开展活动。

五、丰富宣传推广对象

图书馆在推广阅读过程中可以尝试导入企业识别系统（CIS），包括理念识别系统（MIS）、行为识别系统（BIS）和视觉识别系统（VIS），全面宣传推广图书馆的资源与服务，提升图书馆的影响力，提高读者对阅读推广的认可度与支持度。

（一）宣传推广图书馆

宣传推广图书馆的目的是提升图书馆的知名度，提高图书馆的入馆率和使用率。具体的 CIS 导入方式如下：

1. 建立图书馆理念识别系统

一是阐明图书馆的使命、宗旨、核心价值、服务理念、馆内文化等，使读者对图书馆形成正面的认识，提高对图书馆的认同感。二是喊出宣传口号，用最精练的语言提出标志性的口号，体现图书馆的理念或核心价值，塑造良好的形象。三是公布规章制度，规范图书馆与读者之间的关系，建立和谐的阅读环境。四是宣传馆员，使馆员成为图书馆的"明信片"。例如，美国纽约皇后区图书馆在公交车体上印制了一张面带微笑的女馆员照片，宣传馆员的事迹，让读者了解新时期图书馆馆员的精神面貌。

2. 建立图书馆视觉识别系统

图书馆要想吸引读者，必须要改变传统的"阿姨看守书库"的形象，对图书馆进行全面的营销包装。例如，坚持"能用表格不用文字，能用图片不用表格"的原则，包装静态引导性标识；巧妙设计图书馆 Logo；规范馆员的行为举止和着装；通过媒体、网站、视频，加强对图书馆的宣传；改变密集型排架，采用书店式平放陈列，甚至突破传统图书分类法体系，采用超市的"尿布＋啤酒"模式组织揭示资源；合理设置馆舍空间，营造舒适的阅读环境。

（二）宣传推广服务

宣传推广服务的目的是提高读者对服务项目的了解，促进读者对服务的体验和对资源的利用。在阅读推广过程中，可将 CIS 的 BIS 演绎为服务识别，通过营销宣传策略，消除读者脑海中"长长的书架密密麻麻陈列着死气沉沉的图书"的烙印，清晰地告诉读者：图书馆是一个生长着的有机体，传统的文献借阅服务只是图书馆行业性的服务标识。作为"第三空间"的图书馆，还能提供个性化信息咨询、讲座展览、休闲娱乐等服务，满足读者多样化的文化需求。在推广服务过程中，关键在于构建图书馆自身的 BIS，并采取各种措施予以宣传，最大程度上缩小图书馆与读者之间的距离，使图书馆成为人们常驻的地方。在这方面，做得比较成功的案例有北京西城区图书馆的公益培训、杭州市图书馆的"第三公共空间"、铜陵学院图书馆的"铜文化"资源与服务等。

（三）宣传推广资源

宣传推广资源的目的在于提高读者对资源的熟悉度，促进资源的利用率。阅读推广过程中反映出的文献保障不足等问题，部分原因是读者信息素养偏低和图书馆资源组织揭示程度不足所致。图书馆可以通过分类阅读推广客体，开展专项资源推广服务，方便读者利用资源，提高读者阅读热情。例如，高校图书馆可以针对某学科专业学生，采取"非均衡"资源采购模式增加相关图书采购复本，并提供低价复印"护理执业资格考试"类图书服务；以方便利用为理念，突破杜威分类法，将"专升本"类资源依据专业目录采用书店式平放陈列推荐。另外，图书馆还可以依据文献的构成要素，即知识内容、信息符号、载体与记录方式，开展分类导航资源活动。但正如道格拉斯·威尔普斯（Douglas Waples）所说的："人们更喜欢读他们自己选择的，即越是熟悉的东西才越觉得有趣。"研究也表明，读者选择阅读的内容不会受馆员有意识的控制，所以，在宣传推广资源过程中，图书馆还要进一步转变僵化的"经典阅读"理念，从思考"什么是好书"转变为"读者想读什么书"，有区别、分步骤地开展浅阅读与深阅读相结合，读书与读图、读物相结合，读纸质资源与读数字资源、读有声资源相结合的阅读推广活动，以维护读者获取知识自由的权利。

第四章　高校图书馆阅读推广方法和内容

第一节　高校图书馆阅读推广方法

当前，高校图书馆阅读推广通常是在特定主题下，采用立体多元的方式，来开展异彩纷呈的系列活动，从观、听、读、说、写、演、赛等方面激发读者的阅读兴趣，培养阅读习惯。常见的推广方式采用频次排序，如图4-1所示。

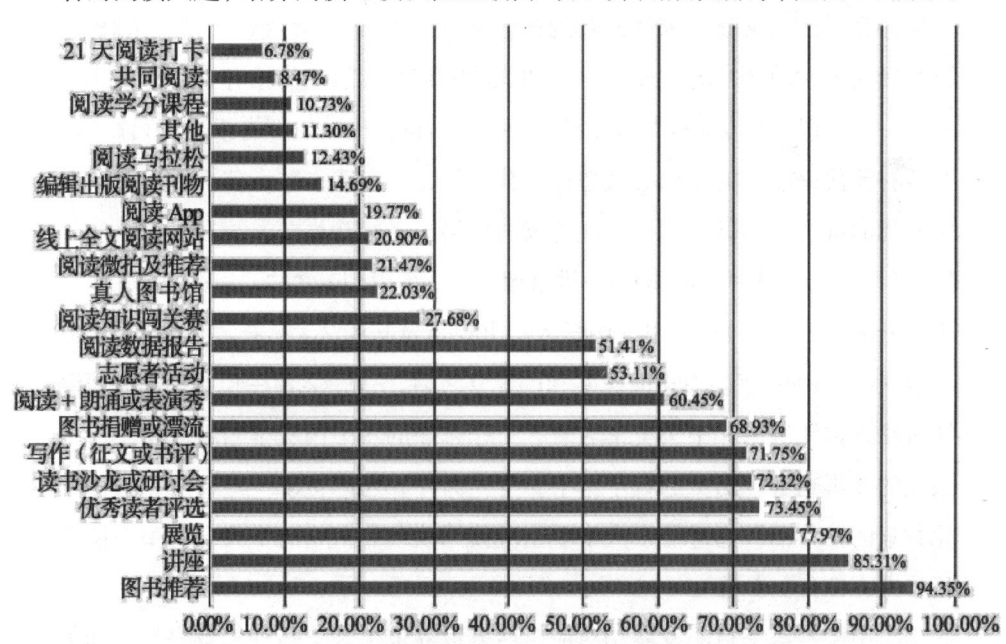

推广方式	百分比
21天阅读打卡	6.78%
共同阅读	8.47%
阅读学分课程	10.73%
其他	11.30%
阅读马拉松	12.43%
编辑出版阅读刊物	14.69%
阅读App	19.77%
线上全文阅读网站	20.90%
阅读微拍及推荐	21.47%
真人图书馆	22.03%
阅读知识闯关赛	27.68%
阅读数据报告	51.41%
志愿者活动	53.11%
阅读+朗诵或表演秀	60.45%
图书捐赠或漂流	68.93%
写作（征文或书评）	71.75%
读书沙龙或研讨会	72.32%
优秀读者评选	73.45%
展览	77.97%
讲座	85.31%
图书推荐	94.35%

图4-1　高校图书馆阅读推广方法采用频次排序

由图 4-1 的数据可知，超过 5 成的图书馆最常采用 10 种推广方法：图书推荐、讲座、展览、优秀读者评选、读书沙龙或研讨会、写作（征文或书评）、图书捐赠或漂流、阅读＋朗诵或表演秀、志愿者活动、阅读数据报告。由此可推断，这些推广方式构成了高校图书馆阅读推广的日常。而图中所示采用频次不太高的一些方法，如真人图书馆、阅读微拍及推荐、共同阅读、21 天阅读打卡等，通过对其进行创新创意式运用，实践案例也常在阅读推广案例大赛中脱颖而出，并取得佳绩。这里介绍几种比较有特色的推广方法的发展源流及其实施要点。

一、图书推荐

图书推荐通常是以发布推荐书目、新书推荐、获奖图书推荐、借阅排行榜、畅销书排行榜等形式出现。发布权威性推广书目，是被广泛采用的荐读方式。

（一）源流概述

推荐书目又称导读书目、必读书目、劝学书目等，通常由各学科领域的名家开具。其中，文化名家所开具的推荐书目往往与文化传承、人文艺术修养、社会发展等人们普遍关注或需求的知识内容相关，故成为推荐书目中使用最多的一种类型。应传统教育体系的需要，我国自唐代开始即有推荐书目产生；其后有元代程端礼的《程氏家塾读书分年日程》，明末陆世仪在《思辨录》中开列的青少年阅读书目，清代《读书次第》《经籍举要》，以及张之洞的《书目答问》。民国年间，胡适、梁启超应《清华周刊》之约，分别开列了《一个最低限度的国学书目》和《国学入门书要目及其读法》；朱自清撰著了《经典常谈》。1949 年，中华人民共和国建立之后，一些学者在经典推荐方面继续耕耘，如钱穆的《中国史学名著》、张舜徽的《中国史学名著题解》、王余光的《影响中国历史的三十本书》等。另外，还产生了一些反映新时代文化背景的推荐书，如《北京大学学生应读选读书目》《清华大学学生应读书目（人文部分）》等。

与中国推荐书目的发展相对应，西方世界也出现了多种推荐书目，如美国图书馆学家唐斯的《改变世界的书》、专栏作家费迪曼的《一生的读书计划》,以及由美国哈佛大学113名教授共同推介而成的《最有影响的书》。由于产生的时代背景各不相同,推荐者的知识背景、视野、思想高度与个性亦不相同。而且,这些推荐书目也存在许多分歧,王余光将这些分歧概括为学者之争、人文知识与科学精神、元典书目与影响书目等,但这些并不影响书目的经典推荐意义,透过它们,读者更容易了解与把握传统文化精神。

(二)当前的主要推荐内容与方式

随着时代的变迁,读者的阅读喜好已发生了巨大的改变,体现在图书阅读方面,主要为经典阅读与流行阅读及实用性阅读之争。为了使所推荐的经典能够适应青年学子的阅读需求,高校图书馆在推荐内容和推广方法上均进行了调整和创新。

在推荐内容方面,图书馆通常既推荐教授书单,也推荐新书、借阅排行上榜图书、获奖图书和畅销书,以此增强推荐书单的时代感与魅力。同一所学校的教授开列的书单代表着具有某种共通文化精神的高级知识分子的学术文化取向与判断,故所列书单既能体现校园学术文化精神,亦能启迪后学并容易使其产生共鸣。将同属于校园社区的教师荐书与学生荐书整合起来,则能产生具备校园用户普遍代表性的、体现校园文化特质的导读书目。北京大学图书馆创建了"阅读推荐"专题网站,分"新书通报""教授推荐阅读——对我最有影响的几本书""学子推荐阅读"三类推荐。上海交通大学图书馆在2009年至2010年间也推出过"影响交大人的书"的活动,从教授和学生两个层面来征集,并制作展板展出。另外,由于当前图书馆服务非常强调以用户为中心及图书馆与用户之间的交互,故图书馆在考虑荐书活动时,已开始注意收集来自读者(主要是青年学生)的荐读意见。如有的图书馆在读书节期间举办"我喜爱的一本书"活动,对活动有兴趣的师生可将书名及喜爱/推荐理由写在图书馆提供的便签上,并粘贴在图书馆放置的大型白板上。这样,其他读者可以浏览粘贴的荐读内容,图书馆也可以把这些荐读内容整理形成一份来自读者的荐读,甚至是带有导读性质的书单。

在推广方式上，图书馆主要是建设专题网站，甚至是全文专题网站，以及创建微信荐书专栏或阅读APP。在建设专题网站或全文专题网站方面，清华大学图书馆创建有"读在清华"专题书架及专题网站，分为"每周甄选""新书通报""借阅排行"三类推荐。中国人民大学图书馆创建了"读史读经典"全文专题网站，进行经典阅读推广。西安交通大学针对大一至大四年级学生，发布了"100本经典"，并建设全文专题网站，引导推广阅读。西南交通大学图书馆建有专题网站"经典阅读推荐书目"，推荐了96本图书。在创建微信荐书专栏方面，北京科技大学图书馆获2017年国际图书馆协会联合会（International Federation of Library Associations and Institutions，IFLA，以下简称国际图联）第一名的项目"读书天"（REA Day）颇有新意，其每天在专栏上推送一本由学生原创书评的图书及书中的精彩片段，将学子荐书与微信的广泛传播力有机地嵌合起来，取得了显著的成效。在创建阅读APP方面，上海交通大学图书馆推出的"思源悦读"APP是一个有益的尝试。

图书馆在利用各类导读书目进行阅读推广时，往往会配套举办书展、图片展、讲座、影展等活动，使阅读与校园文化同时得到弘扬。

二、读书会

读书会是一种阅读交流活动，活动形式通常为读书报告交流会、阅读研讨会、阅读沙龙等。其主要目的在于推荐图书、推广阅读、增进交流与理解，是高校图书馆中外通用、历久弥新的阅读推广方式。读书会的运作流程包括确定讨论主题、确定讨论图书、寻找讨论引导者、宣传、以报名或预约的方式确定参与者、开展阅读交流、汇总及整理讨论会材料，以及评估成效。实施形式通常为一名或数名引导者（如语言文学类教师，或是作者）及参与人员就某本书或某类书交流相关问题与观点，或是阅读体会。

康奈尔大学的曼恩图书馆于2002年开始推出的"书林漫谈"，即读书会的一种。活动每学期举办2~3次，通过邀请学校近期出版了新书的作者（无论出名与否）来馆与读者交流研究方法和写作体验，以及新书出版前后的有趣故事，将作者、图书与读者有机地联系在了一起，同时达到了宣传本校新才能的平台，名次、称号为读者提供了精神层面的满足感；二是奖品等物质奖励在不同程度上对参赛者也有激励作用。总的来说，竞赛活动能对参赛者起到各方面的激励作用，能提高读者阅读的积极性和主动性；奖励方式的选择范围比较广，可操作性较强，在阅读推广中有着较广阔的拓展空间。

2. 活动时间长，影响力持久

一次竞赛活动从预热宣传、报名、预赛、决赛到成绩公布与推送，相关活动持续时间较长，在保障宣传的情况下，能在一定时间内获得人们的关注，形成长效的影响力。

（三）关键实施因素

1. 成立组织委员会

为了保障竞赛活动的顺利开展，首先需要成立一个专门的活动组织委员会（组委会）。这个组委会下又需要根据不同职责设立对应的小组。组委会通常有以下四项职责：第一项是联络与组织，保障所有活动主办方、协办方和活动参与者之间的消息传递通畅；第二项是制定竞赛流程、竞赛规则和竞赛内容；第三项是后勤保障；第四项是作为评委给选手和作品打分。不同的小组各司其职，才能顺利地完成整个活动。

2. 竞赛流程及规则设计

流程和规则是竞赛活动"比什么、怎么比"的重要说明。如果是现场型竞赛，在流程设计上需要尤其注重活动现场安排、设备准备、人员调控等问题；如果是作品征集型竞赛，在设计活动各流程时要关注作品提交方式、联络人设置等问题，保障整个活动中各流程的顺利衔接。

四、朗读活动

中国从古代开始，朗读就作为读书人的一种传统学习方式而存在。传承到现代，朗读已由学习方法转变为一种常见的阅读方法，也是图书馆阅读推广工作中经常采用的活动形式。时至今日，这种传统的阅读方式获得了极大关注。

（一）活动特点

1. 选用经典名著

从活动组织者的角度来说，促进经典名著的阅读是阅读推广活动的重要内容之一，对提高读者的道德修养和思想素质有着积极的作用。对于高校图书馆来说，举办经典名著阅读活动，有利于促进大学生了解与传承中华优秀传统文化，是传承伟大民族精神的重要渠道。朗读活动中读者主动选择的朗读对象也通常都是脍炙人口的经典名著，这不仅是因为这些作品的遣词造句都是经过作者的千锤百炼而出，符合汉语的特点，适合朗读，更是因为这些作品都传递着作者的理念与精神，能带给读者收获与感悟。

2. 低门槛的参与

朗读活动的基本要求是读者能使用普通话正确流畅地对照文本念出或背诵出选段，对于参与活动的读者的阅读能力要求不高，参与门槛较低。对于阅读能力较低的群体来说，也能参与活动，这有利于提高其阅读的积极性。从这个角度来讲，朗读活动有助于消除弱势群体的阅读障碍，促进图书馆资源与服务的公平利用。

3. 促进"深阅读"，提升表达能力

要想完美地朗读一篇文章，仅仅熟读是不够的，朗读者还需要通读作品，通过揣摩文字背后的深意，在了解写作背景后试着去理解作者当时的心境与情感，探索作者的表达意图，并在此基础上，加上自己的理解与语气，才能更好地去朗读，更丰富地演绎该作品。整个过程需要读者仔细反复地阅读，这有助于提高他们的阅读能力；读者朗读需要揣摩和学习专业的说话方式，这将提高他们的表达水平；逐字逐句地理解教会读者遣词造句的关键，最终的朗读也是读者再创作的成果，这些均会提高他们的表达与写作能力。

（二）活动实施的关键

朗读效果主要体现在对听众的感染力上，听众对朗读者分享的内容能够感同身受，朗读的作用就体现出来了。要提高感染力，除了提高朗读者本身的朗读能力，环境氛围的影响也很重要。因此，在组织朗读活动时，需要重点关注以下这两个部分：

1. 完善活动流程，提高朗读质量

参与朗读活动的读者大部分不是播音主持专业出身，在发音、语调等方面必然存在瑕疵。为了使活动达到更好的效果，策划时应在活动流程中加入筛选与培训环节。这样不但能帮助参与者提高阅读能力，而且有助于其了解语言魅力，提高艺术修养。

2. 丰富活动形式，营造环境氛围

在目前举办的各种朗读活动中不难发现，朗读已不仅是站在台上放声读那么简单。为了达到更好的表达效果，让朗读产生更强烈的感染力，参与者通常会采用配乐、配舞等多种形式，或是制作播放配套的视频等，更像是一场文艺汇演。因此，活动组织者在策划活动时不需要限制活动形式，活动地点也可以根据活动主题灵活调整。进行活动准备时，对灯光音响、服装道具、现场协调等问题都需要仔细设计，妥当安排。

五、真人图书馆

（一）发展源流

真人图书馆，又称活体图书馆。作为一种阅读推广活动，"以人为书"是这种活动的主要特征。具体来说，这是一种将个人的阅读行为立体化的活动。它把"人"作为可借阅的书，把人的经历与知识作为读者阅读的内容，把真人书与读者的交谈作为书的阅读方式，以达到鼓励交流、分享经验的目的。

真人图书馆活动最早出现于丹麦。在2000年春天，一个叫"停止暴力"的非政府组织在罗斯基勒音乐节上创办了一项新的活动，活动旨在反暴力、鼓励对话和帮助参加节日的游客之间建立积极的关系，这是真人图书馆的雏形。连续4天，每天8小时，50多个不同的主题吸引了超过1000人参与活动，这使图书馆馆员、组织者和读者对这项活动的影响力感到震惊。之后，该组织的成员之一，罗尼·勃格（Ronni Abergel）创办了"真人图书馆"组织，和其他成员一起在不同国家培训活动组织者，组织"真人图书馆"活动。目前，全球有超过70个国家成立了相应组织，开展真人图书馆活动。

在国内，"真人图书馆"的发展最早可追溯到2008年。当年，在上海交通大学图书馆承办的"数字图书馆前沿问题高级研讨班"上，美籍华裔图书馆学家发出在国内开展"真人图书馆"活动的倡议，并且与参会人员一起就相关课题进行了探讨。此后，有关"真人图书馆"的各种研究与实践逐渐开展起来。

国内高校图书馆首先采用"真人图书馆"进行实践的服务案例是上海交通大学图书馆的"鲜悦（Living Library）"品牌活动，首期活动在2009年3月进行。同年，上海同济大学图书馆在第五届服务月活动中，也推出了"真人图书馆"服务。之后，石家庄学院、广东外语外贸大学、大连医科大学、南京师范大学等大学图书馆也陆续开展了"真人图书馆"活动。

（二）活动类型

"真人图书馆"活动根据真人图书和读者的数量，主要可分为"一对一""一对多"和"多对多"三种类型。

在早期的"真人图书馆"活动中，以"一对一"的形式为主，即每本真人书在同一时间仅与一位读者进行交流。这种形式方便真人书与读者进行私人的、深度的交流。但是，随着"真人图书馆"的发展，其主要活动目的由最初的反暴力、鼓励对话转变为经验分享和交流学习，"一对一"的活动形式限制了参与活动的读者人数，活动效率较低。

"一对多""多对多"的形式在同一时间能容纳更多的读者，真人书与读者的交流、真人书之间观点的碰撞、读者之间的互相学习触发了各种交流与思考，在有限的时间、空间中读者积累了更多的经验，活动效果和氛围更为凸显，因此逐渐成为更常见的形式。

（三）活动特点

1. 主题广泛，灵活真实

作为活动开展核心的真人图书，选择范围非常广泛。他可以是某个领域的专家，也可以是有独特经历的人，尤其是高校中本身就有大量的教师和学者，各种有特长的学生以及各行各业的社会合作人士，这些都可以作为真人图书的来源。每本"书"可以分享给读者的内容来自于个人丰富的经验和感悟，可以带给读者更深刻的体验。

2. 形式开放，互动性高

"真人图书馆"活动中，读者的阅读行为通过与真人图书的交流实现，真人图书的分享内容根据读者的提问而定，更有针对性；互动交流的形式易于激发读者的阅读积极性和阅读效率。

3. 硬件要求低，简单易行

"真人图书馆"活动的开展关键在于真人图书的选择与读者需求的满足，活动的硬件要求不高，线下活动通常需要满足的硬件要求是符合活动人数需要的独立场所，而空间资源正是图书馆的优势之一。线上活动可以借助各种社交平台或者是现在蓬勃发展的直播网站等，在网络发达、各类电子终端盛行的今天也是非常容易实现的。

（四）组织实施的关键点

"真人图书馆"活动的开展关键在于活动组织、真人图书挑选和真人图书管理三个方面。

（1）活动组织。开展真人图书馆活动，需要成立一个固定的活动团队，才能保证活动的有效持续开展及不断深化。在高校图书馆中，活动团队既可以由图书馆馆员组成，也可以是专门的学生团队，或者是馆员与学生共同组成的团队。在有了固定的团队之后，组织者需要根据调研和相关经验制定活动章程，保证每次活动的流程，从真人图书的征集挑选，到活动举行及后续管理都有可依据的规范和准则。

（2）真人图书挑选。作为高校图书馆，在挑选"书"的时候，选择主题及范围很广泛，同时由于读者类型固定，读者需求相对明确及统一，其选"书"方向大致可分为学业指导、人生导向、考研留学、艺术欣赏、科研工作等几大类。

（3）真人图书管理。真人图书也是一种馆藏资源，需要进行资源建设与管理。在活动结束后，按照详细的真人图书借阅规则，对真人图书进行编目，对活动交流内容中不涉及隐私且经活动参与者同意的内容进行记录和整理，使隐性知识显性化；通过各种平台，提供给更多的读者参阅，使资源的利用更加充分。另外，在开展活动的同时，随着经验的积累，不断探索活动的评价体系，使活动效果进一步增强。

第二节　高校图书馆阅读推广内容

现阶段，高校图书馆阅读推广活动主要采取的组织方式有：读书征文比赛、图书推介、讲座、图书捐赠、读书有奖知识竞赛、图书漂流、图书展览、经典视频展播、读书箴言征集、名著影视欣赏、馆徽设计征集、名著名篇朗诵、品著书香思辨赛、评选优秀读者、读书会（读书俱乐部、读者协会）和微书评等。通过调研发现，总体上讲座、书展、微书评、读书会和图书漂流五种活动是高校图书馆阅读推广的主要形式和未来发展趋势，本节将逐项进行探讨。

一、高校图书馆讲座活动

（一）讲座的定义

高校图书馆讲座是高校图书馆利用人员、场地、设施和技术等条件，出于一定的目的，通过组织、策划，邀请主讲人，面向读者进行的一项常规性活动。组织、举办各种讲座，是高校图书馆阅读推广工作的重要方式。高校图书馆拥有丰富的教学资源，通过举办讲座，开设"第二课堂"，可以很好地培养读者的阅读素养，提升读者的终身学习和继续教育能力。

（二）讲座的类型

根据讲座的功效划分，高校图书馆阅读推广讲座主要分两大类：一是，用户培训课程。例如，新生入馆教育、文献信息检索教学、数据库使用培训、互联网免费学术资源的检索与利用和阅读工具使用辅导等。这类讲座既体现高校图书馆教育读者职责，也是高校图书馆营造阅读氛围的有效手段。二是，文化交流讲座。这类讲座是图书馆的主要服务内容之一，历史悠久，早在20世纪五六十年代，沈雁冰、郭沫若、老舍、季羡林等文化名人就先后在图书馆举办讲座。这类讲座不同于一般的上课，对主讲人的文化素养和沟通能力要求很高，还要具有及时有效地应对读者提问的能力，因此主讲人一般是知名教授、社会名流等。如今高校图书馆在开展这类讲座中，邀请的主讲人不仅有专家学者，有时也有普通读者，目的在于分享阅读技巧和交流阅读体验。另外，根据讲座的形式可分为以下三类：一是系列讲座，即在学期伊始或每月伊始就确定讲座内容、时间和地点，并提前在图书馆网站上进行公布，供用户自由选择。二是不定期讲座，即图书馆不定期讲座的举办，讲座往往结合当前读者关注的热点问题、热门活动、新资源或新技术举办。三是预约讲座，即图书馆提供的以用户为导向的讲座方式，预约讲座将决定权交由读者用户掌握，讲座的内容和时间均由用户来定制，能够更为细化培训对象，深化培训内容。

（三）讲座的组织功能

1. 成立工作团队

相对于其他阅读推广活动而言，讲座涉及的内容广泛、形式多样，讲座的读者众多，会场的秩序与安全极为重要。另外，还涉及前期主讲人的选择、讲座的宣传推广，期间的保障和视频拍摄、后期的资料整理、宣传与共享等工作。组织讲座活动是一项庞大的系统工程，需要各方面人力、场地、设施设备等资源的密切配合，尤其是需要一个高效、分工明确的跨专业、跨部门的团队。团队具体组织成员，涉及的部门主要有图书馆、院办公室、宣传部、学生处、教务处、团委、系部、保卫处等，涉及的专业人员有图书馆馆员、主讲教师、读者、艺术策划、宣传人员、保卫人员、后勤人员等。

2. 重视选题内容

为了满足不同读者的阅读和文化需求，高校图书馆讲座的选题需要内容广泛，但又不能分散、凌乱。针对活动的不同目标和功能，选题需要进行整体规划。主题内容选择应坚持以下几个原则：一是讲座内容要有宽度。内容要从中国优秀传统文化到国外经典艺术、从当下时政热点到世界政治和经济格局、从大学生心理健康到青少年道德修养和老年人保健养生等，力争做到每个读者有讲座，每个讲座有读者。二是讲座内容要有纵深。针对不同文化水平的读者听众，讲座内容既要有科学知识普及类，又要有专深科学研究类，力求做到内容各具特色，讲座循序渐进、深入浅出。三是讲座内容要有体系。针对不同类型的讲座，主题既要有相对独立性，又要具有一定的内在关联性。系列讲座中的每个分讲座主题要短小精悍，要与各分讲座紧密联系。独立讲座的内容要清新简练，要包含大量有价值的信息。

3. 选择合适的主讲人

主讲人是一场讲座的灵魂，优秀的主讲人不仅具有极其重要的宣传推广作用，也是一场精彩讲座的前提保障。讲座内容的多样化决定了主讲人的多样化，一般高校图书馆阅读推广讲座主讲人主要有图书馆馆员、数据库培训员、专家学者、社会名流、学生代表等。图书馆馆员和数据库培训员是讲座的常客，专家学者和社会名流是提升讲座学术水平和文化底蕴的关键。另外，部分高校图书馆还邀请具有代表性的学生作为主讲人，可以使讲座更贴近日常的学习和生活，可以拉近主讲人与读者之间的距离。例如，很多高校图书馆以"告别母校"为讲座主题，由即将离校的毕业生为师弟师妹们传授阅读经验。例如，武汉大学图书馆为了使读者更好地了解和使用图书馆资源，长期为读者提供"90分钟专题系列"讲座，其中"使用技巧篇"讲座就是由熟练掌握图书馆资源使用技巧的学生代表担任的主讲人。

4. 讲座时间与地点的选择

高等院校的工作时间与其他组织机构有相似之处，也有其自身特点，除了正常的工作日外，还有集中性的寒暑假期。面向校内不同的师生读者或校内外不同的读者，讲座在时间和地点的选择上要有灵活性，以尽量满足不同的读者在时间和地点上的需求。在面向校内师生读者开展活动时，要考虑到大学生的课外时间和学校规定的教科研时间，要考虑到教师周末不便来校参加讲座活动的因素。所以，可以考虑将面向学生读者的讲座放在周末或工作日的晚间，将面向教师的讲座集中放在学校规定的教科研时间或者是节假日内。面向校外读者的讲座，应该尽量与校内教学工作时间错开，可以充分利用节假日时间，也可以考虑利用学校下班时间段。另外，为了便于社会读者聆听，可以考虑将讲座的地点转移至社会公共场所和居民社区内。

5. 讲座的宣传与推广

随着计算机网络技术的不断发展，高校图书馆在宣传讲座过程中，不仅要使用醒目的电视、报纸、横幅、海报等传统媒体和手段，还应该借助图书馆官方网站、微博微信、论坛、简易信息聚合（RSS）等网络新媒体平台和技术。为了解决读者与讲座时间和地点上的冲突，在讲座实施过程中，不仅要有合适的时间和场地，还可以通过新媒体进行网络直播与传递。例如，2016年10月29日四川省图书馆与网易直播合作，对"首席小提琴演奏家教你如何听懂古典音乐"讲座进行了直播，获得了很好的广告宣传效益，在短短半个月的时间内，直播视频共有58000余次的播放量。随后图书馆又做了2场讲座直播，观看人数更是分别达到了13万人次和17万人次。讲座结束后，图书馆应指派专人负责收集和整理讲座视频等资料，做好后期宣传和进一步的推广与共享工作。

二、高校图书馆书展活动

（一）书展的定义

书展，即图书展览会的简称，是图书馆一种传统的服务方式。近年来，面对读者阅读习惯的转变，简单的书目推荐工作已经不具备足够的吸引力和影响力，而书展却具有展示馆藏资源、营造阅读氛围、提高借阅量等功效。因此，高校图书馆习惯利用一些纪念日、节假日或特殊的时间节点，在图书馆内或校园内的显著位置设立专区周期性地开展书展活动，书展活动也已经成为图书馆阅读推广的一种重要手段。

（二）书展的类型

按照展出图书的来源不同，可将书展分为三类：一是展出图书馆自身馆藏资源。这类书展通常称为主题书展，即在某一时期内，围绕某一主题，挑选相关书籍集中展示，旨在吸引读者浏览和借阅，提高资源利用率，传递某种思想和价值观。如喜迎党的十九大主题图书展、纪念抗日战争周年图书展、伟人纪念日图书展、诺贝尔文学奖得主莫言图书展。二是展出非自身馆藏资源。这类书展主要是由高校图书馆联合出版社、新华书店、资源供应商等图书出版发行机构组织，往往由书店提供场地，出版社和供应商提供图书资源。这类书展往往还同时开展现场选书荐购或直接销售图书等活动，可以缩短图书采购流通周期，提高读者阅读率。三是不同图书馆联合展览馆藏资源。由于图书馆在组织书展过程中可能会出现资源短缺现象，所以拥有共同目标、馆藏互补的某一区域内的两所以上的高校图书馆，常以联合举办书展的形式开展活动。这类书展不仅可以扩大活动影响范围，增强活动效果，还可以进一步促进馆际互借等多种协作交流活动。

（三）书展的主题

作为阅读推广活动的形式之一，高校图书馆的书展区别于其他展览，除了活动主办方是高校图书馆，书展的主题是其最大的特点。高校图书馆书展的主要对象是校内师生读者，所以要充分利用馆内资源，选择合适的书展主题内容，满足读者的阅读需求。书展的主题内容可以是学校某一领域的专家教授的荐书，也可以是馆员或师生读者精心挑选的利用率高的图书，还可以富有创意的主题为内容。总之，书展主题内容的选择既要注意避免一些生涩难懂的理工科类图书，又要结合学科和馆藏特色扩宽主题和深度；既要周期性地开展系列主题书展，又要保持相同主题书展时间上的间隔；既要举办以校内师生读者为对象的与学术科研结合紧密的主题书展，也要举办面向不同层次、不同类型读者的通俗易懂、贴近生活的主题书展。

(四)书展的布置

1. 人员配置

书展工作,包括前期的策划宣传与资源场地的选择、期间的组织和后期的整理与总结,涉及人员主要有负责人(总策划人)、工作人员、宣传推广人员、安保人员等。主要负责人不仅要统筹全局,还要负责监督、协调、总结等工作,较大规模的书展还应该成立一个临时性的领导小组,成员应该包括图书馆馆员、学校相关部门、院系教师和社团学生等,成员之间要有明确的分工和团结合作的精神。工作人员是指参与布展、图书搬运、设备操作、撤展等具体工作的人员,可由图书馆馆员带领社团学生和师生志愿者负责。宣传推广人员则是指活动线上、线下的信息发布者,以及宣传单、横幅、海报的设计者,可邀请有兴趣的具有专业特长的师生具体操作,由图书馆馆员来协调。

2. 展厅的选址和布置

如今大多高校图书馆都有专门的展厅,小型的书展可在图书馆内开展。如果组织大型的书展,则需要在馆外搭建临时性的展厅。展厅选址对活动效果十分重要,需要选择人流量大的公共场所,但要注意避免影响学校正常的教学秩序,也要注意安全保障工作。展厅的布置风格应该与书展主题相一致。同时,最好选择晴朗的天气,组织开放式的书展,以取得最佳的宣传效果和视觉效果。

3. 线上与线下相结合

通过海报、横幅、广播等发布信息,告知读者展览的名称、主题、时间和地点,是高校图书馆书展活动传统的宣传途径,如今仍然有众多的受众群体,其作用不可取代。在新媒体时代,利用新的宣传技术开展线上宣传的作用将越来越显著。例如,耶鲁大学创办书展专门网站,当读者对相关的展览信息感兴趣时,可以选择下载 ICS 文件,从而直接把具体的展览日程安排同步到 Outlook 日程表中,点击 E-mail 通知时,展览信息可以自动地被转发到指定的信箱,Facebook 和 Twitter 的快捷链接则能够把相关信息快速地通过读者的社交网络进行传播。另外，受时间和空间的限制，导致读者参与不便，实体书展惠及的受众数量总是有限。为了更好地服务校内外广大的读者，高校图书馆举办线上书展已经成为线下书展的一种拓展和延伸。例如，清华大学图书馆百年馆庆网站开设了"数字展厅"，华东师范大学图书馆网站上有"主题书展角"，北京师范大学图书馆网站常年举办系列微书展。

4. 书展的存档与总结

存档与总结是高校图书馆书展活动中最薄弱的环节。书展活动资料的存档不仅是一种总结方式，更是对未来工作的指导。科学合理地归档和数字化工作，极大地方便了读者们的观展需求。总结读者对书展活动的反馈与评价，发现书展主题是读者决定前来观展的首要原因。一方面，读者会选择观看自己感兴趣的主题书展，他们认为这样的书展对自己的生活、工作和学习比较有帮助。另一方面，读者会选择观看与高校图书馆特色资源馆藏相关的书展，他们认为这是高校图书馆的优势和特色书展，参观学习的价值较大。

三、高校图书馆微书评活动

近年来，随着新媒体的兴起和读者数字化阅读率的增长，微阅读已经成为大学生的主流阅读方式。微书评正以它"短小精悍"的特点深受大学生读者欢迎，已经成为高校图书馆阅读推广的重要形式之一。

（一）微书评的定义

微书评是相对于书评所说的，是指内容在140字以内的微型书评，主要是以书为对象进行介绍或评论。

（二）微书评的特征

与传统书评相比，微书评具有以下五个特征：一是短小精悍。微书评精短、睿智、神韵，寥寥几语即点睛之笔，信手挥就的是神韵，一语点石成金的精评。鲁迅对《史记》的精短书评："史家之绝唱，无韵之《离骚》。"二是参与性强。传统的书评对作者和读者的要求较高，加上通过传统的媒介进行传播，书评常常被贴上学者们的专利商标。普通大众不愿意写书评也不敢写，又由于书评学术理论水平较高也不愿意精心慢慢品味。微书评的学术性和写作门槛较低，内容形式较简单，也方便传播，所以大众的参与积极性较高，作者和读者群体广泛。三是方便易操作。微书评并不需要作者通篇认真仔细地阅读某一本图书后方才能创作，它更注重作者瞬间的阅读心得和感受，由主观判断，不需要证据论证。很多情况下只是作者在阅读图书的某一章节，甚至是某一句话而突发的灵感。同时，由于通过微博等新媒体进行传播，读者可以随时随地利用智能手机等工具进行阅读，便于作者与读者间的实时互动与交流。四是轻松的意境。微书评突破了传统书评在逻辑、字数和结构等方面的限制，形式更加"短平快"，符合读者的碎片化阅读习惯。五是影响力大。无论是微书评的作者，还是微书评的读者，数量不仅庞大，而且影响范围深远。加上新媒体互动性强的特点，使微书评的评论对象图书的种类也很丰富。另外，在作者与读者交流沟通过程中，经常会发生读者反过来变成作者的场景，随着交流的深度和广度不断拓展，"长尾"图书会被慢慢挖掘并流行开来。

（三）微书评的组织

1.建立微书评数据库

建立科学合理而又内容丰富的微书评数据库，是高校图书馆开展微书评促进阅读的基础。首先，可以通过鼓励馆员、教师、学生读者撰写微书评；邀请专家学者撰写微书评；收集整理馆内现有、网络在线和其他图书馆的微书评；购置或协商取得作者和出版商的微书评使用权等途径，丰富图书馆微书评数据库。其次，按照一定规范分门别类整理微书评，并将其录入相关数据库，建立完善且能够有效满足各类读者需求的各具特色的微书评数据库。最后，开发用户检索、浏览、下载和上传系统，不仅使用户可自行获取相关书籍的微书评，还可以使用户上传共享自己的微书评。

2.搭建微书评交流平台

在图书馆网站首页开设微书评博客，介绍每种书的出版信息，并附上微书评，实现与读者的互动。在图书馆网站开辟读者微书评交流中心，并融合多种媒体，利用微博、微信、个人图书馆APP、图书馆信息平台等，将中心打造成移动阅读交流中心，鼓励读者参与微书评创作与交流，促进作者与读者之间、读者与馆员之间、读者与读者之间的交流与互动，促进阅读思想的碰撞与融合，提升读者的阅读鉴赏能力。链接微书评交流中心和微书评数据库，实现既能在网上查阅微书评，又能发表微书评的双向交流机制和读者与图书馆的互动机制。平台交流主题既要体现理想气质和批判精神，又要包括人物传记、推理小说、旅行美食等读者喜闻乐见的主题内容；既要尊重作者的学术观点，提倡百花齐放、百家争鸣，又要充分发挥微书评审美的功能，引导读者阅读积极向上的书刊，辩证地汲取书刊的内容。

3. 举办微书评大赛

2010年10月18日—12月18日，榕树下成功举办了"文学在路上暨首届微书评大赛"。2011年8月4日"书香羊城——微博书评大赛"活动启动，通过网易、新浪、腾讯等微博平台开设了专题页面，截至2011年10月14日共获得900多万人次的点击浏览量，收集到微书评作品12万余件。通过大赛，创作了一大批优秀的微书评，成为读者的淘书指南。高校图书馆可以借鉴上述成功活动案例的经验，根据馆藏定期举办微书评大赛，激发读者读书、评书的热情，重在参与互动的过程，从而推动阅读。高校图书馆还可以通过图书馆网站开发专门书评系统，搭建微书评创作积分激励体制，鼓励读者对图书评论，引导读者"以书交友"，分享阅读心得和乐趣，营造阅读氛围。例如，重庆大学图书馆的"书评中心"系统。

4. 建立微书评服务共享机制

建立微书评服务的共享机制，是改善高校图书馆微书评工作的重要手段，也有利于提高图书馆微书评工作的总体水平。通过加强高校图书馆间的交流与合作，可以实现微书评资源的优势互补、互通有无、分工协作。另外，高校图书馆还可以通过加强与出版社、书店、行业协会和相关网站之间的合作交流，逐步打造一个互惠互利的微书评有机整体，增加图书馆微书评的虚拟馆藏，使高校读者能够自由选择各类微书评资源，有效满足各类读者对微书评的阅读需求。

四、高校图书馆读书会活动

（一）读书会的定义

《礼记·学记》曰："独学而无友，则孤陋而寡闻。"所以阅读既是个人的独立行为，又需要与人互动交流，才能更进一步，而读书会就是读者互通交流的平台和有效途径。卡兰德曾以瑞典的读书会为例，指出读书会是一种特殊形式的小团体研读，参与者通过互相讨论，彼此帮助，目的是理解和相互启发。虽然有阅读计划和研读素材，但并没有固定的知识或材料，也未达成特定的目标，自愿参与，聚会时间和地点以参与者方便为原则。近年来，读书会以其简单自由、平等互助、形式多样、渗透力强等特点，已经成为推进全民阅读的主要模式。例如，在瑞典几乎每个乡村都有学习圈，学习圈已成为瑞典人的一种生活方式。在美国如今约有四分之一的图书馆读者参与了他们各自所属的读书会。在中国自古就有以文会友的美好传统，如今组织、引导、支持读书会活动也已成为高校图书馆阅读推广工作的重要手段之一。

（二）读书会的模式与类型

随着社会阅读风气的兴盛，如今读书会有了进一步的发展，读书会的运作模式和工作类型也是多种多样，各具特色。在世界范围内，读书会主要有以下几种类型：单主题读书会、多主题读书会、图书漂流读书会、图书馆读书会、在线网络读书会、作者读书会、广播读书会和书店读书会。按承办方划分，主要有公共图书馆组建的读书会、高校图书馆组建的读书会、民间自发组建的读书会，同时还可以按活动目标、需要、主题、年龄、性别、区域、是否收费等角度进行分类。总体来说，高校内的读书会模式相对较单一，类型也较少。据统计，中国大学校园内的读书会主要有学生自发组建、学校图书馆牵头组建和学校教学管理部门牵头组建三种类型，也有少数校外读书爱好者利用高校图书馆资源和平台组织的读书会。例如，新乡学院图书馆晨光读书会就是依托新乡学院图书馆，由新乡市内一批高层次阅读爱好者组成的书友会。

目前，我国高校图书馆读书会主要有两种模式：一种是图书馆发起成立并自行运作的读书会。例如，重庆大学图书馆2011年创立的"书香重大"读书会，华中师范大学图书馆2011年创办的"风雅读书会"，天津财经大学图书馆2012年发起成立的"思扬读书会"等。另一种是学生自发成立和自主管理的读书会社团，在章程中明确图书馆作为指导单位或主管单位。例如，合肥工业大学"春风读书会"、华东政法大学读书会等。高校图书馆读书会活动的组织者主要涉及三种情况：一是高校图书馆成立的读书会组织，并由该组织举办读书会活动；二是高校图书馆通过指导类似于读者协会等学生社团举办的读书会活动；三是高校图书馆工作人员自发组织的读书会活动。相对于国外，目前国内大多高校图书馆还是以自己独立组建读书会的模式来开展阅读推广活动的情况居多。

（三）读书会的作用及意义

1. 有利于阅读推广实施与普及

组织读书会活动不仅是图书馆的阅读推广活动之一，而且读书会组织还是服务图书馆阅读推广活动的有力助手。读书会活动的质量不仅对读书会的生存发展有着直接的影响，还影响着其他形式的阅读推广活动效益。所以，切实有效的组织读书会并开展读书会活动，既有利于高校图书馆的阅读推广工作，也可以弥补图书馆组织的相对短暂或周期长的阅读推广活动的不足，使读书会成为图书馆阅读推广工作的"常设机构"和阅读推广工作的"常设活动"。

2. 有利于拓展读者阅读的深度和广度

读书会的性质决定了会员在活动中能有效开展深入的、互动的、积极的、平等的交流，这种交流有利于读者在快节奏的学习生活中精心品味积极健康的读物，有利于读者不断培养阅读兴趣，不断拓展阅读涉及面，从而摒弃过多的碎片化阅读、浅阅读和功利阅读。

3. 有利于提升图书馆资源的利用率

图书馆在拥有充足资源、专业场地、优越环境和阅读氛围的情况下，是大多读书会活动的最佳场所；周期性的大规模读书会活动，也有利于提高图书馆资源的利用率。例如，读书会活动需要必备的、拓展的、延伸的图书及相关文献资源，这些资源会随着读书会活动不断进入会员读者的视野，甚至一些长期未被利用的资源，也会随着读书会的活动被不断地挖掘和利用。

4. 有利于图书馆整体服务水平的提升

读书会开展的活动，除了阅读分享交流等沙龙性质的活动，还经常以读书会为依托，以读书会常规活动为基础，延伸开展书评、讲座、影视欣赏、朗诵、征文、书目推荐等活动。这些活动无疑会进一步促进图书借阅、资源建设、参考咨询、信息素养培训等图书馆其他业务工作的开展，从而提升图书馆的整体工作水平。

5. 有利于提升会员的综合素质

读书会的常规读书分享和交流活动流程一般包括开场、分析、讨论和总结。活动不仅对主持人的综合素质要求较高，而且对普通会员的语言表达能力、思考分析能力、临场应变能力、人际沟通能力等综合素质也有较高的要求。所以，经常组织和参加读书活动的会员读者不仅阅读素养和文化素质会有极大的提升，而且综合素质也会有所增强。

6. 有利于提高教学质量

专业性强的读书会，其活动对会员读者的专业学术水平提升作用是显而易见的。即使是非专业类读书会，其活动也会有效促进读者的阅读和思考，对读者的学习观念、学习态度和学习效果有一定程度的推进。例如，我国台湾地区高校推广读书会的初衷就是提升教学质量，实现"教学卓越"。

7. 有利于校园文化建设

读书会活动本身就是阅读群体性活动，读书会活动有利于促进学习群的形成、发展和壮大。大量积极健康的读书会汇聚在图书馆和校园内，将营造出浓郁的校园阅读氛围，而积极向上的校园阅读氛围则是校园文化建设的重要内容和基础条件。

（四）读书会的组织特点

1. 明确定位，提高会员的自读率

自由、平等等特征，既是读书会组织吸引读者的优势，也是读书会组织稳定性不足的劣势。高校图书馆需要通过规范读书会组织规章制度，明确组织目标、组织方式、活动宗旨，才能有效缓解这一问题。其中，以明确组织目标最为关键，图书馆要准确定位读书会及其活动的宗旨，在会员加入组织之初对其进行必要的入会教育，既要强调组织的自由性和平等性，也要强调组织活动的参与性和互动性等特点。在组织活动过程中，为了提高全体会员的自读率，要避免长期开展单一的阅读分享、专家讲座等阅读传授性活动，避免活动失去阅读交流与促进的功能。

2. 加强管理，提高读书会的影响力

相对小众和分散，也是读书会组织的特点之一，但容易造成组织持续性弱，组织的活动频次低、覆盖范围小等问题。高校图书馆应该通过独立创办和积极引导两种途径，增加校园内读书会组织和成员的数量，使读书会组织既小又多，既专又散，使每个读书会都有其自身特色和内涵。通过大量短小精悍的读书会，开展连续不断的形式多样的读书活动，提高读书会组织的影响力和读者对阅读推广活动的认知度、参与度与支持度。另外，相对于其他传统的阅读推广活动，目前图书馆组织的读书会活动还是比较前卫的，读者对读书会相对了解不足，对读书会活动的形式和内容认识得也不够真切。因此，需要高校图书馆通过传统的宣传手段和方式，结合读者喜欢的新媒体，以营销等企业管理理念，加强对读书会及其活动的宣传和推广工作。

3. 持续扶持，引导交流与合作

总结国外和我国港台地区读书会的工作经验发现，读书会活动的有效开展，需要一定的资金、资源、场地和设施设备等基础条件。我国台湾地区高校读书会发展势头迅猛，活动影响深远，探究其原因发现既有该地区教育主管部门出台的"奖励大学教学卓越计划"的支持，也有各高校和图书馆制定的读书会推广要点、实施办法或细则等完善的政策引导，使读书

会活动不仅具有合理的顶层设计，而且拥有进一步发展的资源支持。另外，读书会组织的成长和发展需要高校图书馆持续大力的引导与支持，但更需要相关教育行政部门的帮助与关心。图书馆需要搭建合作交流的平台，以便与校内外其他的读书组织、相关行业协会、文化传媒机构、图书发行机构等建立合作关系，这样才能获得更多的支持，积累更多的工作经验，才能促使读书会组织的发展。

五、高校图书馆图书漂流活动

（一）图书漂流的起源

图书漂流，是一段文明美丽的奇妙旅程。它起源于20世纪六七十年代的欧洲，读书人将自己读完又不再阅读的图书贴上标签（一般为黄色）随意放在公共场所，如公园的长凳上，遇到这本书的人可取走阅读，读完后（可能会附上阅读故事、心得等信息）再将其放回公共场所，再将其漂出手，让下一位爱书人阅读，继续一段漂流书香。没有借书证，不需付押金，也没有借阅期限。这种好书共享方式，让"知识因传播而美丽"。如今越来越多富有想象力的书友在投漂图书时，在投漂说明中设定了自己的漂流规则，使图书的漂流过程变得更加丰富多彩，图书漂流的方式已不再局限于投放户外一种。例如，有位书友在过生日时朋友送了他一本书，阅读之后，他产生了一个想法，就是让这本书在每个恰逢要过生日的书友中传阅。这本书不再直接投放到公共场所，而是通过传递的方式在恰当的时间传递到恰逢要过生日的书友手中。

（二）图书漂流的发展

随着互联网的普及，图书漂流活动变得更有效率、更普及。2001年，美国人罗恩·霍恩贝克受一个网站的启发，为了让那些尘封的图书再次进入社会，成为世界各地热爱读书人的共享资源，从而将漂流的图书变成永久性的流动图书馆。在其妻子和两位志同道合的朋友的协助下，成功创设了"图书漂流网站"，网站的标志就是一本奔跑的书，理念是"爱它，就释放它"，非常朴素隽永。网站自问世以来，深受世界各地热爱读书人的欢迎，如今网站注册会员已经遍及世界各地。图书漂流的"分享、信任、传播"宗旨与"每个人都有阅读的权利，社会有责任保证每个人都有机会享有阅读的利益""让世界上每一个角落的每一个人都能读到书"等图书馆精神和价值观完全吻合，使其在国际图书馆界、出版界、教育界等领域深受推崇。我国图书漂流活动始于2004年初，春风文艺出版社在国内组织策划了全国首个图书漂流大型公益性活动。2004年5月，在南开大学校园内产生了第一个由大学生实施的图书漂流案例。2006年5月，吉林大学图书馆率先在高校图书馆组织开展了图书漂流活动。如今全国各地图书馆、出版社、新华书店、社区、个人等纷纷组织开展图书漂流活动，其中拥有丰富资源和独特优势的高校图书馆更是积极将图书漂流活动作为阅读推广工作的重要形式之一。

（三）图书漂流注意事项

图书漂流来自国外，作为"舶来品"，在高等校园内才刚刚兴起不久。高校图书馆首先应该厘清以下三个问题，才能有效开展活动，实现活动目标：

1. 图书漂流的性质问题

图书馆开展的图书漂流活动，既不同于传统的借阅工作，也不是好书推荐活动。它是一种具有独特宗旨、目标和方式的阅读推广活动，具有"乌托邦"式的既新鲜又神秘的阅读体验交流。图书馆应该摒弃传统的读者服务理念的影响，在具体的活动过程中要注意以下三个环节：一是在漂流物的选择上，既要善于选择读者喜欢的、流动性强的、积极向上的图书、期刊、光盘等资源，也要注重读者的漂流喜好，并注重发挥读者在漂流书选择过程中的主体作用。二是在漂流形式的选择上，既要积极采用更自由、更时尚、更浪漫、更有趣的方式开展活动，也要确保活动和漂流物处于有效控制范围内，避免活动处于无组织、无秩序的状态。三是在漂流目标的定位上，既要保证活动推广阅读的效益和活动的持漂率，也要注意对参与活动的读者的文明诚信教育，以提升活动的回漂率。

2. 图书漂流的管理问题

根据国内外的实际经验，开展图书漂流活动最令人担忧的就是"断漂"问题。如何有效地解决这一问题，将是图书漂流活动健康开展的关键。问题具体涉及活动管理中的两个概念，即持漂率和回漂率。有调研发现，制定严格的活动规章制度并采取积极有效的管理措施，会显著提升图书的回漂率，但很可能影响并制约活动的持漂率和漂流路线长度。相对来说，图书漂流还是一个新鲜事物，在漂流资源相对紧张的情况下，考虑回漂率在所难免，但过分强调回漂率，可能会导致活动的本质和宗旨发生变化，即使是在图书漂流比较盛行和繁荣的欧美国家，图书的持漂率也只有20%~25%。所以，在目前社会阅读大环境下开展图书漂流活动，高校图书馆应该采取适度的疏导和管理政策，尽可能提高持漂率和漂流路线长度。同时，图书馆应积极拓展活动漂流图书资源的来源渠道，提高活动资源的供给量，从侧面缓解回漂率低的问题；要加强与相关部门的合作，增强读者的共享意识和诚信教育，从正面缓解断漂的问题。

3. 图书漂流的范围问题

针对图书漂流活动存在的组织难度大、资源紧张、缺乏有效管理等问题，目前高校图书馆开展的图书漂流活动大多只是面向校内读者。从实际活动来看，即使回漂率达到80%以上的高校图书馆，其实际效果也并不算理想。究其原因，图书漂流的阅读推广效果和持漂率与漂流路线长度关系最密切。高校图书馆的社会化服务已经逐渐展开，活动图书也应该更多地漂向社会惠及大众，这样持漂率和漂流路线才能有更大的提升空间。同时，随着漂流范围和方向的拓展与延伸，活动的宣传效果、参与度和总体效益也将逐渐增强。另外，积极邀请社会读者加入图书漂流活动，不仅有利于全民阅读推广工作的进一步开展，而且有助于漂流图书来源渠道和数量的增长，校内读者与校外读者之间交流的广度和深度也会随之增加。

（四）图书漂流的组织策略

1. 转变工作理念

近年来，如何充分利用馆藏资源特别是纸质类资源，遏制资源使用率下降的趋势，已经成为高校图书馆亟待解决的重大问题。通过图书漂流这类新颖的阅读推广活动，可能是解决问题的突破口之一。图书馆首先要树立开展图书漂流活动的理念，同时转变"重藏轻用""爱不释手"的传统观念。为了扩大漂流书的数量和来源渠道，不仅要大力鼓励广大读者积极捐书，而且要积极将馆藏好书漂出去。此外，还要在年度预算中，单独设置每年用于漂流的资源经费项目。在工作初期，思想观念的转变尤为重要，务必要避免对捐赠图书进行"精心"挑选以充实馆藏，而将其余图书用于漂流的现象发生。同时，也要避免将那些几乎全无使用价值的馆藏资源填充进漂流书架和站点。要力争做到将好书漂向读者，让书香沁人心脾，最终发挥资源利用价值，促进读者阅读，促进读者共享阅读。

2. 转变角色定位

高校图书馆全权负责图书漂流活动的各项工作和全部环节，不利于激发读者的聪明才智和活动创意，不利于活动的持续开展和活动宗旨的有效实现。高校图书馆要及时转变活动角色，具体负责活动的统筹工作，包括活动规则的制定、活动资源的筹集、资金政策的争取、校内外相关部门的合作等。活动的具体实施，应该坚持以读者为主导、图书馆协助的原则，以半自由状态为活动运行模式，让读者自己成为图书漂流的践行者。图书馆和读者双方应分工明确，团结协作，充分发挥各自在活动中的优势，提升活动效果。在活动开展之前，要在原有的读者协会等学生社团组织的基础上，成立新的图书漂流读者工作委员会之类的组织，专门负责开展图书漂流活动。只有充分调动读者参与的积极性，才能提高漂流书的质量和图书的持漂率。例如，2014年11月，华东理工大学图书馆开展的图书漂流活动，就是由该校图书馆主办，由校学代会自管会承办的。活动现场吸引了众多学生以及部分老师的参与，短短一个小时400多本图书就被"一抢而空"，活动中图书的漂流路线也很顺畅。

3. 加强活动宣传

任何推广阅读活动的组织和实施，都需要积极有效开展全程性的宣传工作。相对新鲜的图书漂流活动，更需要开展大量的宣传工作才能有效实施和推进。宣传活动的内容，不仅包括活动的内容、规章和意义，还要包括对参与者的诚信教育。宣传活动的方式，不仅包括传统的宣传渠道，还要注重新媒体的应用，以及图书漂流网站、实体漂流站点的建立。宣传活动的对象，不仅要在校内广泛开展，还要有针对性地召集校外读者。宣传活动的时间，不仅要做前期宣传，还要做到过程性宣传和总结性宣传。宣传活动的模式，不仅要开展单一的宣传活动，还要结合评选图书漂流榜、读者发漂榜，以及阅读漂流图书心得体会交流等开展立体化的宣传活动。正所谓细节决定成败，在加强活动宣传工作的基础上，还要注重活动经验的总结，不断提高活动细节的处理水平。活动不仅要做到漂流图书的可读性强，而且还要通过精心设计漂流图书的封面和标签内容，打造"明星"漂流图书。

4. 加强合作交流

高校图书馆在开展图书漂流活动过程中，要加强与外界的联系和合作，以获得更多的关注和支持。首先，加强与出版发行机构的合作，以获取更多有价值的图书资源用于漂流。其次，加强与宣传部、团委等校内其他部门的合作，以提高活动宣传效果和读者参与的积极性。再次，加强与其他高校图书馆的联系，通过同区域内高校图书馆合作组织实施图书漂流活动，来提升图书的持漂率，增加漂流路线的长度。最后，加强与社会组织机构之间的合作。通过取得社会组织机构的支持与合作，提高活动的影响力，构建校内图书漂向社会与社会图书漂进校园的双向机制。

第五章　高校图书馆与其他机构合作阅读推广

阅读推广主体即活动的发起者、组织者、实施者和管理者，不仅包括国际组织、各国（地区）政府、图书馆界、出版机构、教育机构、医疗机构、大众媒体，还包括一切热衷于阅读分享的组织或个人。不同的主体在推广阅读中充当的角色和承担的任务不同，随着活动的不断深入和发展需要，主体发展的趋势呈现出多元化、角色层次化和合作化等特点。可以说，主体是阅读推广系统中的核心要素，是事业成功与否的关键。高校图书馆既是高等学校的重要组成部分，也是图书馆系统和公共文化服务体系中的重要组成部分，有责任和义务通过自身努力，或独立自主或联合其他主体开展阅读推广活动，促进校内外读者阅读，满足全体社会大众文化服务和阅读需求。

第一节　高校图书馆阅读推广的相关机构组织

根据国内外阅读推广活动经验和工作发展趋势，高校图书馆要想转型升级阅读推广活动，不仅要充分发挥自身优势，还要积极联合其他相关主体，共同完成活动的选题、策划、组织、运行、管理等各个环节，以便实现活动的目标和宗旨。例如，上海交通大学图书馆著名的"鲜悦"主题阅读推广案例，就是联合了多家单位和部门一同协作完成的，具体包括校内的各学生社团、各院系、宣传部、团委、心理咨询室，以及校外的兄弟院校、上海市文史研究馆、闵行区文化广播电视管理局、图书馆、文化传播公司、书商和书店等。

根据利益相关者理论，高校图书馆阅读推广相关主体根据职能和特点，大致可以分为校内5个和校外7个，共12个组织机构。

一、高校内的相关机构

（一）学生工作部门

高校学生工作部门，也称为学生处，一般主要负责高校招生、就业、教育管理、资助、军训、国防教育、社区管理和心理健康教育工作。学生工作部门一般下设大学生自律委员会等学生组织来协助开展相关工作，具体工作包括：公寓管理、勤工助学、学风建设（学业促进）、心理帮扶、文艺宣传（文化宣传）等。其工作的主要职责和目标是学生的健康发展和顺利成才。其开展的新生入学教育、学生道德素养教育、学生心理健康教育、学生精神文明建设、学生评价奖励工作、大学生就业创业和毕业生文明离校教育等工作，均与高校图书馆阅读推广工作有着紧密的联系。学生工作部门响应国家倡导的提升学生综合素质的政策，而高校图书馆开展阅读推广活动旨在促进学生读者阅读素养和综合素质的提升，两者相辅相成，有着天然的一致性。另外，学生工作部门不仅具有丰富的学生工作经验，而且拥有充足的学生资源和其日常的学习生活信息资源，是高校图书馆阅读推广工作强有力的支持者。例如，石家庄学院图书馆借鉴大学生自律委员会管理模式，在学校学生管理组织等部门的支持下，建立起基于读者协会的"自管理自推广"的阅读推广模式。该模式下的推广活动更有针对性，更能引起读者的兴趣，更能激发广大读者的阅读热情。高校图书馆如果能顺利有效地利用学生工作部门的资源，将会更加有效地开展阅读推广活动前期的调研、中期的组织、后期的评价等工作。

（二）团委及学生社团

团委是"中国共产主义青年团中央委员会"的简称，是中国共青团的组织之一。高校团委的基本工作任务包括发挥青年组织的作用，团结和带领全校青年学生积极学习中国特色社会主义理论体系和党的方针政策，努力拓展他们的综合素质，使他们成为有理想、有道德、有文化、有纪律的社会主义现代化建设的合格人才。高校团委日常开展的工作包括团员的思想政治教育，组织开展科技、文化、艺体、社会实践与志愿服务等大学生素质拓展活动，以及负责组织与指导学生会和学生社团工作等。可以看出，高校团委工作的中心任务是通过组织学生团体，开展各种活动，提升学生的综合素质，培养社会主义接班人。高校团委的工作与高校图书馆阅读推广部分内容如读书会、主题讲座、社会化阅读推广等具体内容也有着较多的交叉性，且双方工作的目标和宗旨也有着高度的一致性。另外，团委培养的优秀学生及学生团体可以充当或组织志愿者参与高校图书馆阅读推广活动，他们既是阅读推广活动的受众客体，也是不可或缺的活动主体。例如，中国科技大学图书馆阅读推广活动——"英才书院"，就是完全由学生团体自主举办并开展的阅读推广主题沙龙活动。又如，山东师范大学图书馆在学校团委的大力支持下，借助志愿者对阅读的兴趣，发挥他们的主力军作用，在图书馆的指导下，志愿者自发地组织活动，以读者带动读者、以读者感染读者、以读者指导读者，依托创意性的活动吸引身边的人加入到阅读推广活动中来，让越来越多的读者"走进图书馆"，实现"书香满校园"。

（三）教务处

高校教务处有的也称为教务部，是学校的教学管理机构。教务处的主要职责是学科与专业建设、日常教学管理、教学资源建设、教学科研建设、实验实习实训管理、教育教学改革与研究等。它的主要工作任务和目标是支持教师的教学活动，提升课堂教学水平，提高人才培养质量。高校图书馆是学校重要的教学辅助部门，双方之间一直存在着密切联系、精诚合作的关系。如教务处需要通过举办主题讲座，建设数字教学资源和平台来提升教师的信息化教学能力和水平；而图书馆常常通过举办学术讲座、信息素养教育、读书会等活动来协助教务处完成相关工作。另外，高校图书馆在教学资源建设、学科化服务、学生信息和文化素养教育中与教务处之间也有着长期合作的关系和共同的目标。同时，高校图书馆阅读推广也需要教务处通过组织校内外教师、联系出版发行机构和提供必要的场地设施等，来协助活动的有效实施。

（四）宣传部

高校宣传部是推进校园文明创建，营造校园文化氛围的主要实施者。高校图书馆可以利用自身充足的资源、空间来协助宣传部组织开展文化讲堂讲座、文明事迹宣传、开展文明单位评选等工作，宣传部也可以利用丰富的宣传资源与经验支持高校图书馆阅读推广的宣传报道和营销工作。随着校园文化建设的重要性越来越显著，高校图书馆阅读推广的宣传工作也越来越重要，二者各自发挥独特优势，合作开展校园阅读推广活动已是大势所趋。如上海交通大学图书馆联合宣传部等部门开展"鲜悦"主题阅读推广活动，河北大学图书馆联合宣传部等部门开展"书香校园建设"活动等，其中，宣传部在策划、宣传和报道等环节中发挥了极其重要的作用。另外，高校图书馆阅读推广活动内容不断丰富，范围不断拓展，影响力不断提升，活动本身已然是宣传部的重点工作对象之一。正如有学者指出："高校图书馆并不是与校园文化无关联的单纯的学术机构，作为校园的文献情报信息中心，是校园文化建设的重要阵地。图书馆本身既是校园文化的一部分，同时又以自己的文献资源、文化设施去支持和推进丰富多样的校园文化的建设与发展。图书馆要以阅读推广活动为契机，创建个性化的校园阅读文化，打造校园文化品牌，形成持久的影响力，使健康向上的阅读文化犹如春雨一样，真正起到'润物细无声'的效果。"

（五）二级院系

二级院系是指普通高等学校的二级教学单位，是负责师生教育和管理的具体实施部门。二级院系在日常教学管理过程中，需要高校图书馆开展学术讲座、信息素养教育、学科化服务等阅读推广工作，以协助其完成教学工作任务和目标。高校图书馆在开展阅读推广活动中，也需要二级院系发动与组织教师资源和学生资源作为活动的学科馆员、志愿者、服务者、讲座主讲人等人力资源的支持与补充，特别是在开展社会化的阅读推广活动中，二级院系的师生资源更是活动必不可少的合作伙伴。另外，部分高校图书馆还在学校的各二级院系内开设分馆，分馆的任务就是直接服务相关院系。图书馆的总馆或分馆经常与二级院系联合组织开展阅读推广活动，双方分工明确，各尽其责，充分发挥各自的优势，有利于实现活动从校园读者末端直接开展，有利于满足师生读者日常化、个性化的阅读需求。

二、高校外的相关组织

（一）其他图书馆

图书馆是搜集、整理、收藏图书等各种载体文献资源，为读者提供阅览、参考的机构。公共图书馆、高校图书馆、专业图书馆、机关事业单位图书馆、民营图书馆和私人图书馆等各种类型的图书馆，都是保存人类文化遗产，开发信息资源，实施全民社会教育的重要场所，都有提供阅读推广服务、丰富大众文化生活和提升社会文明程度的责任与义务。在全民阅读推广事业中，其他类型的图书馆与高校图书馆有着统一的目标和宗旨，而且具有各自独特的资源和优势。例如，公共图书馆具有丰富的阅读推广经验和大量的社会读者群体，专业图书馆拥有大量的专业性资源，机关事业单位图书馆掌握着准确的读者资源需求信息，民营图书馆和私人图书馆有着特殊的读者群体和灵活多变的、积极有效的阅读推广活动经验等。因此，高校图书馆在开展面向不同类型读者的阅读推广活动中，既要广泛联合其他类型的图书馆开展具有普遍意义的活动，又要有针对性地选择不同类型的图书馆联合开展特色鲜明的活动。

（二）政府部门

推进全民阅读构建书香社会是一项系统而又复杂的文化工程，所以对于此项事业，各级政府及相关主管部门一直以来都在大力提倡并付出了行之有效的努力。各级文化部门、教育部门和广电新闻部门等机构除了为高校图书馆阅读推广工作提供必要的政策支持、资源援助和宣传报道外，还经常联合邀请图书馆界、企业行业协会、企事业单位和社区等一起开展区域性的影响深远的阅读推广活动，如近年来全国各省、市举办的读书节系列活动。政府部门作为阅读推广主体的优势在于其广泛的影响力和巨大的号召力，同时因为其拥有雄厚的资源优势,可以组织实施声势浩大、受众范围大、影响力大的阅读推广活动,但是由于其职能和职责所限,不可能长期开展活动。所以,高校图书馆应该借助其活动平台,充分发挥自身组织活动的专业优势,积极协助其组织活动,并以活动为契机,进一步争取政府部门的支持,以便长期开展阅读推广活动。

(三)出版发行机构

出版发行机构,是指进行图书、杂志、报纸和电子物品等有版权物品的出版与发行活动的组织和企业,主要包括出版社、杂志社、报社、图书公司、书店等。作为我国全民阅读推广主体之一,他们的工作重心就是出版图书以及推广与图书紧密联系的阅读。为了促进图书的销售,他们热衷于开展阅读推广活动,热衷于与高校图书馆合作,开展书展、图书漂流和信息素养教育等活动,也乐于开展"你买书、我买单"等特色活动。拥有丰富的图书信息资源,是他们开展活动的主要优势,同时由于其组织的营利性,活动开展的形式也非常灵活和实用,活动效果显著和直接。高校图书馆拥有大量的热爱阅读的师生读者,需要大量的资源满足读者需求,与出版发行机构合作开展阅读推广活动,是一举两得的理想模式。在联合开展活动过程中,出版发行机构要紧跟高校图书馆阅读推广活动的宗旨,在坚持以促进阅读为原则的基础上,可以适当考虑图书的销售工作,但要坚决避免将阅读推广活动办成图书销售活动,诱导学校或读者购置实际价值不高的图书或大量购置重复的图书。

(四)大众媒体

大众媒体,是在信息传播过程中处于职业传播者和大众之间的媒介体,不仅包括报纸、广播、电视等传统媒体,也包括随着互联网兴起的网络媒体、手机媒体、数字电视等新媒体。如今随着新媒体的兴起和发展,大众媒体传播信息的速度将变得更快、范围将变得更广、影响力将变得更大。大众媒体以其专业的包装宣传技术和形式多样的宣传方式,一直以来都是阅读推广的重要宣传者。随着高校图书馆阅读推广活动范围不断向校外延伸,活动宣传工作的重视程度和难度不断提升，高校图书馆在开展活动过程中，需要借助大众媒体进行宣传造势，以提高活动的参与度，扩大活动的影响力。但需要注意的是，由于大众媒体缺乏必要的阅读推广专业知识，同时其信息传播具有快捷、简单、方便等特点，其在开展阅读推广过程中容易引导读者阅读偏向"浅阅读"和"快餐文化"。因此，高校图书馆不仅要充分利用大众媒体特别是新媒体在阅读推广中的优势，而且要注重开展"深阅读"与"浅阅读"结合，线上阅读和线下阅读结合等模式的阅读推广活动。

（五）中国图书馆学会

中国图书馆学会及其二级机构阅读推广委员会是我国整合动员图书馆系统内外力量，致力于阅读推广和研究的专业非营利性组织，通过加强阅读文化和阅读推广理念的研究，以不断创新推进全国图书馆和各界阅读活动为工作目标。阅读推广委员会下设秘书处和15个专业委员会，为促进高校图书馆开展大学生阅读推广工作，专设大学生阅读委员会。大学生阅读委员会先后挂靠郑州大学图书馆和武汉大学图书馆，旨在提高大学生阅读文献数量，提升大学生文化素养和信息素养，通过对大学生群体的阅读行为方式的持续、深入研究，制订有效提升大学生阅读兴趣的阅读推广计划，开展丰富多彩的阅读推广活动，引导大学生回归阅读，热爱阅读，享受阅读。中国图书馆学员及阅读推广委员会常年支持和指导全国各地高校图书馆开展阅读推广活动，并先后直接与多家高校图书馆联合开展了一系列阅读推广活动。阅读推广委员会拥有先进的工作理念和研究成果以及丰富的工作经验，能为高校图书馆阅读推广工作提供学习交流的平台。因此，高校图书馆应该坚持落实阅读推广委员会的各项规章制度和文件政策，积极参与阅读推广委员会的各项活动。

（六）阅读推广联盟

阅读推广联盟，是阅读推广主体为了有效开展阅读推广，专门成立的研究、开展阅读推广活动的组织。根据组成成员的性质不同，一般分为同质异级性联盟，如国家图书馆、省级图书馆、市级图书馆、县级图书馆等；同质同级性联盟，如公共图书馆、高校图书馆、专业（科研）图书馆、儿童图书馆等；异质同级性联盟，如媒体出版发行机构、行业协会、公益组织等；异质异级性联盟，如国际组织、国家图书馆学会、政府、书店、中小学、企业、社区图书室、农家书屋、民间阅读组织、个人等。阅读推广联盟不仅可以使成员之间互通有无、共享资源，而且可以扩大活动内容和范围，满足各类读者的阅读需求和多层次信息服务，营造全民阅读的社会氛围。高校图书馆参与建设阅读推广联盟，不仅能促进自身和其他阅读推广主体的建设，也是体现全民阅读推广主体地位和发挥其功能的重要途径。

（七）民间公益阅读促进机构

民间公益阅读促进机构，是指那些不以营利为目的，进行阅读推广的社会机构，如积极推动阅读的非政府组织（NGO）、民间图书馆和书店、民间读书会和沙龙、民间的基金会、专业阅读推广人、志愿者等。国外民间阅读促进机构在全民阅读推广体系中的主体作用非常显著，较为著名的有美国国家人文艺术基金会、德国促进阅读基金会、加拿大儿童图书中心等。目前国内相关机构还不够普及，但近年来也陆续诞生了有一定影响力的组织机构，如南方分级阅读研究中心、上海市振兴中华读书指导委员会和福建阅读协会等非政府组织；幸福乡村图书馆和培荣书屋等民间图书馆和书店；北京三味书屋读书会等民间读书会；爱心传递慈善基金会（PLCF）等民间阅读促进基金会。民间阅读促进机构通过开展阅读推广活动，在儿童教育、扫描识字、促进社会公平、维护社会和谐等方面作出了巨大的贡献。高校图书馆可以借鉴他们的活动经验，独立或联合开展校内外的阅读推广活动，有利于进一步丰富活动内容，创新活动形式，以及促进活动的转型和拓展。

第二节　高校图书馆与相关组织机构合作阅读推广

一、高校图书馆与校内机构合作阅读推广

（一）国外高校图书馆与校内机构合作阅读推广

一直以来，国外高校图书馆阅读推广工作理念和水平相对较高，工作方式和模式也较先进，在联合校内其他部门合作开展阅读推广活动的成果显著，经验也较丰富。例如：自 2001 年起，韩国江原大学为推动大学生阅读意识，培养阅读能力，提高人文素质，启动了毕业资格读书认证制度，成立了毕业资格读书认证运营委员会，制定了《毕业资格认证再实施管理条例》《毕业资格读书认证运营委员会运营规定》等配套规章制度，要求学生在毕业前必须通过外语认证、计算机认证、读书认证中的任意两个。读书认证机制工作管理机构负责人由图书馆馆长担任，业务由图书馆主管统一部署实施，在具体的实施过程中得到了学校领导和教学管理部门的大力支持。活动在图书馆和各部门的通力协作下，积极导引了大学生的阅读倾向，有效发挥了图书馆的教育职能和情报职能，使馆藏文献得到了充分的利用，活动同时也得到了大学生们的认可。2002 年，哈佛大学图书馆在学校相关部门的大力支持下，启动了基于专题式数字化馆藏理念的开放馆藏计划（Open Collections Program，简称 OCP），随后又推出了在线阅读计划，两项活动的同时实施为读者利用图书馆馆藏提供了高度选择性的多样化视角。

如今，图书馆学科化服务和阅读推广工作相互融合、相互促进的趋势显著，高校图书馆还应该积极联合学校教学管理部门，开展精准有效的服务，以满足教师学科专业发展需求。2008 年，新加坡南洋理工大学图书馆启动了学科屋（Subject Rooms）服务。学科屋是一个建立在博客平台上的网络虚拟一站式的学科导航系统，它将相关学科的信息（包括图书馆资源、数据库资

源、网络资源等）整合在一起，为用户正确地获取所需资源提供了新的途径。学科图书馆博客分别从商业、科学、工程等6个方面，提供了新书推荐、视频列表、书评、数据库更新、最新活动和本地展览会等服务，有效地鼓励了读者对教学科研资料进行深层次阅读。同时，国外高校图书馆还经常与校内相关部门合作开发社会化阅读推广项目。

（二）国内高校图书馆与校内机构合作阅读推广

国内高校图书馆与校内其他部门也有着长期合作的经验，在阅读推广活动中也开展了大量富有成效的合作。具体合作开展阅读推广活动主要有四种模式：一是高校图书馆主导，其他部门协助开展阅读推广活动；二是高校成立阅读推广领导机构，高校图书馆和其他部门处于同等地位，分工协作，共同推进阅读推广工作；三是高校图书馆主导，并利用图书馆资源成立相对独立的专门部门，同时由学校其他部门协助支持开展阅读推广活动；四是高校图书馆积极支持相关部门和学生社团等组织，开展阅读推广活动。

第一种模式，简单易操作，但合作形式较为松散，如果处理不当，容易导致阅读推广成为图书馆独自开展的活动。目前，国内高校采取第一种模式开展阅读推广的情况占绝大多数。在联合校内其他相关部门开展活动的过程中，不仅可以得到其他部门的直接支持，而且可以增强活动的影响力和认可度。例如，中南民族大学联合学校教务处、学生处、团委等部门，组织实施"创新学分"活动。通过此项活动鼓励大学生参加图书馆阅读推广活动和阅读，大学生参加活动后，经学校创新学分专家评审委员会评审认定后获得学分。河北大学图书馆通过联合学校团委、学生处、宣传部、教务处、工商学院、创新创业指导中心、保定市文广新局、新华书店等部门单位，构建校内协同育人新平台，促进阅读书香校园建设活动。活动期间，图书馆与其他相关部门联合举办了阅读主题讲座、书目推荐、阅读指导、评比、交流等活动，极大地提高了图书馆的利用率和读者的阅读率，学校图书馆也被评为2017年保定市"十佳全民阅读基地"。

第二种模式，需要学校领导高度重视，在学校整体规划中突出阅读推广工作，需要成立较为牢固的活动组织领导机构，并制定相关的规章制度，构建活动的长效机制。2014年,青岛职业技术学院在院长的直接主持推动下,图书馆开始与学院办公室、组织部、人事处、学生处、团委、教务处、宣传部、公共教学部等联合,对学校"阅读工程"项目进行了研讨与论证,制定了"阅读工程"2014—2016年度工作规划,成立了校级"阅读工程"工作领导小组,小组成员来自各相关部门的领导。首期规划自2011年至2016年,分三条主线平行推进阅读推广工程,即组织部负责组织实施干部阅读,人事处负责组织实施教师阅读,学生处负责组织实施学生阅读。图书馆在"阅读工程"工作领导小组的领导下负责各部门之间的协调并统筹全院的阅读活动,其他部门和二级学院积极配合,形成了多部门联动协作的运作模式。再如,贵州师范大学图书馆与学校教育科学学院合作,长期为参加"国培计划"的各地幼儿园园长、幼儿园骨干教师、中小学骨干教师提供学前教育师资培训,工作取得了很好的成效。

  第三种模式,组织难度最大,对图书馆要求最高,如果能顺利有效地实施,将产生显著的活动效益,能够提高图书馆及学校的知名度和读者信息需求的满足度。2009年宁波大学图书馆向学校申请,经工商部门注册批准,成立了宁波大学科技信息事务所,常设机构挂靠在图书馆,同图书馆一套人马,两个牌子。机构成立之后,图书馆与学校院系联合推广信息服务,改变传统信息服务的内容和方式,依托浙江省科技平台和宁波市数字图书馆平台,集中资源与技术优势,扩大信息共建共享范围,承建了宁波数字图书馆第一批建设项目(宁波物流特色数据库)和宁波市数字图书馆第二批建设项目(宁波文教用品特色数据库)。

  第四种模式,在国内高校内较为普遍存在,活动的关键在于高校图书馆的引导作用,并通过自身的资源、设施、空间和专业优势给予相关部门与组织大力的支持。高校内拥有大量思想活跃、热衷组织开展文体活动的学生和组织,他们不仅是高校图书馆阅读推广的客体,也是活动的主体。很多高校图书馆为了弥补人力资源的不足,经常会组织或支持学生社团等组织,为他们提供活动平台,让他们发挥自己的聪明才智,发起各种阅读推广活动。例如,潍坊学院图书馆通过成立大学生阅读自助组织,组织学生采访学校学者、专家、教授和杰出校友，邀请他们推荐"影响我人生的五本书"，总结他们的治学理念，采写他们读书与成长的动人故事，形成采访报告，并与读者分享他们的读书体会。

二、高校图书馆与校外组织合作阅读推广

（一）高校图书馆与公共图书馆合作阅读推广

就阅读推广而言，相对于其他类型的图书馆，我国公共图书馆的阅读推广历史较悠久，经验也较为丰富。高校图书馆与公共图书馆在联合开展阅读推广过程中，有着各自的优势和特点，如高校图书馆拥有丰富的专业资源、大量阅读素养较高的师生读者和数量较多、分布比较广泛的实体空间；公共图书馆则有着大量的科普性资源、丰富的活动经验和独特的社会关系优势。两者体制不同，目前双方合作的频率较低，合作的深度和广度有待进一步加强，但两者优势互补，便于开展影响深远、活动范围大、参与度高的阅读推广活动，双方未来合作的前景和机会是值得期待的。例如，自2009年起，铜陵职业技术学院图书馆与铜陵市图书馆连续多年合作开展"送书至军营"活动，深受当地驻防部队欢迎，社会效益显著。在铜陵市政府的统筹协调下，2015年铜陵职业技术学院图书馆与铜陵市图书馆双方新馆又共处一地，此后双方更是方便地合作开展了诸多阅读推广活动。如铜陵市公共图书馆邀请专家举办讲座，受众不仅包括社会读者也包括学校师生读者，学校图书馆也敞开大门欢迎公共图书馆的读者。深入全面的合作使双方成为当地促进全民阅读建设书香社会的"急先锋"，受到了当地居民的一致欢迎，营造了极其浓郁的阅读氛围，成为地区信息文化娱乐中心。另外，高校图书馆与公共图书馆双方合作开展阅读推广不仅可以实现资源共享，广泛开展馆际互借、联合实施信息素养教育等活动，还可以联合购置电子资源为读者提供更多的资源以便利用。同时，公共图书馆还可以根据学校的教学时间，针对学校教职工制定"亲子阅读"项目，而高校图书馆也可以联合学校其他部门组织学生充当公共图书馆活动的志愿者，组织专家教授为公共图书馆开展专题讲座等。

（二）高校图书馆与政府部门合作阅读推广

近年来，随着书香社会、学习型社会建设目标的确立和大众终身教育思想的深入，我国政府对全民阅读推广的重视与日俱增。政府不仅在内部周期性地开展学习日、学习周等活动，而且积极发起大规模的阅读推广活动，也积极支持各部门开展阅读推广活动。高校图书馆作为某一地区的文献信息中心和文化中心，多年来一直是政府部门组织开展阅读推广活动的合作伙伴。在全国各地的大型读书节活动中，都能看到高校图书馆的身影。例如，苏州读书节活动主体中有苏州工业职业技术学院、苏州卫生职业技术学院、沙洲职业工学院、苏州市职业大学；深圳读书月活动主体中有深圳大学城图书馆等；东莞读书节活动主体中有东莞理工学院图书馆等。政府在合作开展阅读推广工作中一般是活动的指导者和资源的组织者，高校图书馆则具体负责开展活动，活动对象不仅包括师生读者，也包括校外大众读者。高校图书馆在政府组织的阅读推广活动中不仅可以提升活动的宣传力度和参与度，还可以提升学校和图书馆的社会影响力、赞赏度和满意度，但在这类合作阅读推广活动中政府部门往往重形式、轻过程，政府部门领导常常只是热衷于开闭幕式，真正与高校图书馆合作的深度还不够。同时这类合作阅读推广活动时间也较为集中和不稳定，政府部门常常利用4月23日世界读书日等特殊时期集中开展活动，下一次合作开展活动可能要等整整一年甚至更长时间，真正与高校图书馆合作的持久性也不足。因此，高校图书馆应该积极参加政府组织的阅读推广活动，争取相对较少的合作机会，充分展示自己组织活动的能力和促进全民阅读的愿望，增强政府部门阅读推广重要性的意识，以便得到政府部门在政策、资源和宣传上的长期支持。另外，高校图书馆还可以通过政府有关部门的支持，开设分馆或阅读点为民众阅读提供方便，促进大众阅读。例如，广州大学图书馆与广州省立中山图书馆合作共建的桂花分馆，广州市廉政信息研究中心与部队军营图书馆为社会读者提供阅读服务，湛江师范学院图书馆与市委市政府、公共图书馆联合举办了"湛江非物质文化遗产图片展""建党90周年湛江党史图片展"等活动。

（三）高校图书馆与出版发行机构合作阅读推广

图书馆社会合作研究专业委员会，是中国图书馆学会2009年第八届学术研究委员会大会上新增设的，其主要任务是开展图书馆与社会合作阅读推广的理论研究，促进图书馆与出版、发行、数据库商等组织机构之间的合作阅读推广。2009年，在广西南宁召开的中国图书馆学会年会上，开设了"图书馆社会合作分会场"，针对"图书馆、出版商、发行商——合作中的利益与冲突""图书馆与媒体的合作"等命题展开讨论。2013年，由中国图书馆学会阅读推广委员会、中国新华书店协会等单位联合组织召开了"出版界图书馆界全民阅读年会（2013）"，共同商讨出版社与图书馆的合作，促进全民阅读活动的组织与落实，此后年会连续数年惯例举办。图书馆界与出版界合作开展阅读推广有着一致的目标，一方面高校图书馆希望利用出版发行机构独特的优势，即最畅销的图书资源、最新的读者阅读信息、最专业的技术人员和最广泛的实体网点，以便提高活动效益；另一方面出版发行机构希望通过阅读推广活动开发最具阅读潜力的高校师生读者群体，以便促进图书等资源的销售。所以，高校图书馆应该紧紧围绕以下四个方面，加强与出版发行机构合作开展阅读推广：一是高校图书馆在开展阅读推广活动过程中应该积极争取出版发行机构在资源上的支持，出版发行机构通过捐赠形式向活动提供最新的畅销书，可以丰富活动的资源和品质。另外，出版发行机构为活动提供小礼品，可以缓解图书馆的活动资金压力。二是高校图书馆利用出版发行机构掌握读者的阅读大数据，可以有的放矢地开展更具针对性的阅读推广活动，从而进一步增强活动的效果和质量。三是高校图书馆可以充分利用出版发行机构的专门培训人员，为师生读者开展信息检索培训，缓解图书馆信息素养教育活动人力资源不足的问题。四是出版发行机构分布广泛的网点，是高校图书馆开展社会化阅读推广活动的理想平台。这样不仅可以降低活动的成本，还可以周期性地开展活动，从社会末端满足社会读者需求。但是，双方合作开展阅读推广工作中，也应该注意出版发行机构作为营利性组织及其开展活动的目的。所以，高校图书馆在开展活动过程中不能一味地向出版发行机构索取支持，也不能一味地迎合出版发行机构向读者推广不合适的资源。

（四）高校图书馆与大众媒体合作阅读推广

高校图书馆与大众媒体合作开展阅读推广，主要有以下两种方式：一是合作宣传推广；二是合作开发项目。其中，项目又分为高校图书馆的阅读推广项目和大众媒体的阅读推广项目。随着阅读推广工作的不断深入，图书馆越来越深刻地认识到活动宣传推广的重要性，各种营销理论与手段逐渐被广泛地应用在阅读推广研究过程中，但实际工作中营销理念的引入却不甚理想。原因在于图书馆特别是高校图书馆缺乏营销推广活动的经验，也缺乏必要的专业人才和技术手段。所以，高校图书馆不仅要与校内宣传部门深入开展合作，而且也需要与大众媒体进行多层次的交流与合作；不仅需要对活动内容进行宣传，而且需要对活动过程和效果进行宣传；不仅需要采用传统的宣传手段，而且需要采用新媒体技术进行宣传。社会上专业的宣传策划企业，虽然具备较高的专业水准，也有较高的合作意愿，但费用却远远超过图书馆的承受范围。所以，高校图书馆在开展阅读推广活动中，往往将目光投向大众媒体，希望借助友情支援活动的宣传工作，而且效果也不错。大众媒体在与高校图书馆合作开展活动宣传过程中，也可以积极推广自己的产品，提高自己的影响力。目前，高校图书馆与大众媒体合作的深度和广度还有待进一步加强。例如，大众媒体并不愿意参与到活动的整体策划，只愿意宣传活动的开闭幕式亮点和框架形式，而对活动的内涵宣传却较少，总体上大众媒体的活动参与积极性不高。

目前，国内高校图书馆大多采用第一种模式，通过借助大众媒体平台相对自主地开展宣传工作。2013年，哈尔滨理工大学图书馆阅读推广活动利用自媒体平台，扩大自身的影响力，争取更多读者的关注。同时，也有大众媒体主动利用高校图书馆阅读推广活动资源开展宣传工作，以便扩大自身的影响力。例如，优酷视频和新浪微博通过转载清华大学的自制视频——《爱上图书馆》，一周之内就收获了23.3万粉丝的关注。总体上，第一种模式目前还缺乏有效的持续合作机制，有待双方进一步沟通与交流，深度合作开发特色阅读推广项目。例如，哈佛大学图书馆与Google合作，把分散在90多个哈佛分馆的藏书全部数字化，并开通了移动阅读服务，极大地方便了校内外读者对数字资源的使用。另外，高校图书馆也可以通过发掘自身的特色馆藏为大众媒体开设阅读栏目，提供资源保障。如美国佐治亚理工学院图书馆与当地电台合作制作了一档节目，将当地历史、时事、音乐文化与图书馆及图书馆资源联系在一起，深受听众欢迎，进一步提高了校内外读者对馆藏资源的利用率。中国国家图书馆、天津市图书馆、深圳市图书馆、杭州市图书馆、上海市图书馆等许多公共图书馆，也都在数字电视上开辟了阅读栏目，高校图书馆也可以利用自身的专业资源和教师优势与相关媒体合作开发阅读项目。

（五）高校图书馆与协会、联盟和民间机构合作阅读推广

1. 高校图书馆与中国图书馆学会合作阅读推广

中国图书馆学会阅读推广委员会是专门开展阅读推广理论研究和实践工作的组织机构，是高校图书馆阅读推广工作的引导者、支持者和合作者。自从学会成立以来，联合全国各地高校图书馆开展了内容丰富、形式多样的阅读推广活动，如学会下设的经典阅读推广委员会与青少年阅读推广委员会和凯里学院图书馆合作，举办了"西部大学生经典阅读推广论坛"，并在会议上发表了《阅读是天职、推广是使命》《经典阅读与推荐书目》《经典阅读与人生》等报告；图书评论委员会与淮阴师范学院图书馆等多家图书馆合作，举办了征文评选活动；阅读与心理健康委员会同苏州卫生职业技术学院图书馆和北京大学图书馆合作推出了"4.23我们在做快乐的事"和"读书读出好心情"等一系列阅读推广活动；大学生阅读委员会更是专注于高校大学生阅读推广工作的组织，先后与郑州大学图书馆、中原工学院图书馆、南京理工大学图书馆、南阳师范学院图书馆等多家高校图书馆合作，为在校师生开展了名家讲座、爱心图书漂流、美文吟唱会等多种形式的阅读推广活动，极大地激发了广大师生读者的阅读热情。

2. 高校图书馆与阅读推广联盟合作阅读推广

高校图书馆参加区域内的阅读推广联盟，不仅有利于阅读推广持续有效地开展，而且可以通过联盟的团体力量与图书资源出版发行机构合作，为读

者争取更多的阅读权利。例如，北京多所高校图书馆参加了首都图书馆联盟，为区域内的大众读者提供了丰富多彩的阅读推广活动，大大提升了大众的阅读兴趣和阅读能力；平顶山工业职业技术学院图书馆自加入高校图书馆阅读推广联盟，创新阅读推广形式后取得了显著的成效，资源借阅率和读者到馆率明显得到提升。

3. 高校图书馆与民间阅读机构合作阅读推广

高校图书馆还可以与民间阅读促进组织合作，通过发挥自身优势支持其开展阅读推广活动，或争取其为自身阅读推广活动提供支持。国内外民间阅读促进机构和组织实施的阅读推广活动，大多以促进大众和儿童、残疾人等特殊人群阅读为宗旨，它们大多规模小但数量多，发展势头迅猛。它们的活动宗旨与高校图书馆社会化阅读推广宗旨是一致的，是高校图书馆向校外拓展阅读推广的合作伙伴。例如：2007年开始，英国莱斯特大学图书馆与慈善组织图书信托基金会成功合作实施的"信箱俱乐部"，旨在提升寄养儿童的识字能力和自学能力，进而提高他们的学习兴趣、自信心与自尊心。

4. 高校图书馆与企业合作阅读推广

高校图书馆与企业合作，不仅可以有效指导企业开展阅读推广活动，提升企业员工信息素养和阅读水平，而且还可以获得企业在资金和物质上的支持，扩大活动范围和效益。例如：江汉大学图书馆联合东方汽车有限公司等企业单位，开展企业员工信息素养培训，面向市民开展艺术画展、摄影品展、名家书法、主题讲座等活动；沈阳五爱实业有限公司赞助东北大学图书馆，举办了声势浩大的阅读交流分享比赛，活动成功吸引了校内外的大量读者，不仅提高了图书馆的资源利用率和影响力，也提升了沈阳五爱实业有限公司的社会美誉度。

第六章　高校图书馆阅读推广发展趋势及策略

第一节　高校图书馆有声读物阅读推广

随着全民阅读深入开展,各类阅读推广活动呈现出泛在化特征,传统阅读与新兴媒介开始相互渗透、融合。信息技术每一次进步,更是推动了文献信息资源建设与利用方式的革新。新兴网络技术升级改造,引发了图书馆结构的重大变革,图书馆资源和服务模式开始脱离传统空间结构与物理形态而存在和发展。随着互联网的发展,在数字化、碎片化阅读影响下,有声阅读的兴起更是打破了文本阅读对视觉的依赖,使随时随地听、读成为可能,阅读主体的行为开始朝着动态、多样化方向发展。图书馆的阅读推广对象随着新兴媒介和读者阅读习惯的变革,也从纸质文献到电子文献再到移动终端进行了转变与融合。一百二十多年前就曾有人因看到了录音文献的出现而预言"听书将代替看书",如今移动的有声读物正在逐渐被广大读者所接受和喜爱,特别是追求时尚的年轻大学生。为了满足读者的实际阅读需求,美国密歇根州立大学图书馆已经收集了包括柏特·凡谷声音数据库等馆藏超过四万多小时的有声书,同时有学者指出阅读推广选择的读物不仅应包括书,还应包括声、光、电、磁等各类记录知识的载体,信息技术对阅读推广具有全面的促进作用,音视频服务是当前图书馆阅读推广的主要类型之一。

一、有声读物的含义

有声读物又可称为"听书",英译"spoken words""audio–books"或"talking book"。美国音频出版商协会将其定义为:其中包含不低于51%的文字内容,复制和包装成盒装磁带、高密度光盘或单纯数字文件等形式进行销售的录音产品。《辞海》对"有声读物"的定义,即录制在磁带中的出版物,也就是人们常说的可发音的"电子书"。随着信息传递技术的不断发展,新型有声读物的内容和载体已经突破磁带、软盘和CD等传统介质形态,还包括电视、电台、计算机、MP3和各种智能移动终端设备。所以,传统的有声读物是指过去我们在电视和广播中收听的评书,或是随书附赠的配套磁带、CD,其内容和读者较单一,如随书配套的有声读物,又多以英语或少儿读物为主,读者也主要集中在儿童、盲人等小范围内的有特定需求的群体。随着计算机技术的迅猛发展以及人们对阅读需求的不断提升,新型的有声读物应运而生,它是"以声音为主要展示形式,需存储在特定载体并通过播放设备解码载体内容,以听觉方式阅读的音像作品",面向的读者也已开始大众化。2016年3月,易观智库发布《2016中国有声阅读市场专题研究报告》,该报告指出"有声读物是依托网页和客户端技术,基于PC、智能手机、平板电脑、电子阅读器、车载、可穿戴设备等阅读载体,为组织和个人提供有声读物的录制、收听和分享等阅读服务"。赵俊卿认为,有声读物指的是以纸质书籍、稿件为基础,通过声音把文本中原有的内容完整地、不加个人修改地表现出来的一种书籍的存在形式。它主要有两种存在方式:一种以物理音频形式存在,如点读机;另一种则以数字音频形式存在,如在听书网站上下载到电子阅读器中的有声读物音频文件。从国内外对有声读物的描述总结可以看出,无论是早期的评书、广播剧、曲艺、相声等表现形式,还是移动多媒体下的听书平台,这些都可被纳入有声读物范畴。相对于传统文献读物,有声读物不仅具有低廉的获取成本、较高的阅读效率、较低的阅读门槛、生动的阅读乐趣、便捷的获取通道等优势,还可以满足人们的碎片化阅读需求。另外,作为电子出版物的一种,有声读物与传统的无声电子书相比也有其独特的优势。例如,阅读过程中的移动性、即时性、互动性、便利性和趣味性。

二、有声读物的兴起

（一）国外有声读物的发展

有声读物率先兴起于20世纪30年代的美国，起初是政府专为盲人读者发起的专项服务计划。1931年，美国盲人基金会与国会图书馆建设成年盲人"有声阅读计划"，其主要是为在第一次世界大战中受伤的老兵和其他视障人群提供阅读材料。1986年，作为致力于促进语音音频和提供行业统计的非营利性行业协会——美国有声书出版商协会（Audio Publishers Association，简称APA）成立，随即开始建立有声读物行业标准，除了一贯向阅读障碍人群提供有声阅读服务外，也开始向低幼龄儿童提供专门服务。如今，随着网络技术、新媒体技术和移动终端的发展和成熟，有声读物支持下的"听书"已经成为"娱乐化""碎片化"阅读的重要组成部分。同时，由于其较低的阅读门槛和独具特色的趣味性、便捷性、移动性等特点，也是实现全民阅读的重要途径。全球范围内，有声读物发展态势最为强劲的是美国、英国、德国，其中以美国为最。美国音频出版商协会官方网站历年调查数据显示：2006年，有24.6%的美国人听过有声读物；2008年，该比例提升至28%，2015年该比例已飞速增长至41%。有声读物出版数量也从2009年的4062种发展到2016年的51000种。2016年，美国有声书的销售总额达到21亿美元，相比之下，同年美国出版商协会2000名会员的纸质精装书销售额也不过为28亿美元。受美国的影响，如今在英国各地都可以看到专门的有声读物书店或专柜，市场非常细化，服务也很专业。相对于英美而言，德国的有声读物市场则较为落后，不过有声读物的市场份额已经呈现出攀高趋势，在书店、超市、加油站等场所都能看到有声读物。

（二）国内有声读物的发展

我国有声读物的发展相比西方发达国家起步较晚，初期服务范围和对象同样是儿童和残障人士等特殊群体。20世纪80年代，部分少儿出版社开始生产一些随书附赠的音像制品。1990年，南京市图书馆与南京残疾人联合会共同创办了南京市盲人有声读物图书馆，通过与上海市盲人有声读物图书馆进行磁带资源交换、专业人才交流聘请等启动有声资源的录制工作，有声馆藏资源不断丰富。1994年，高等教育出版社音像中心开始发行独立有声读物，随后其他音像出版社和文化公司陆续加入有声读物市场，但由于技术原因，有声读物只能以磁带形式出版，服务形式单一，服务渠道狭窄。进入21世纪以后，随着网络技术的发展，国内第一家专业听书网站"听书网"于2003年正式上线运行，之后各种听书网站相继涌现，致力于移动听书服务，越来越多的文学作品已经被有声化，听书读者急速增长。随着听书市场规模不断扩大，原国家新闻出版总署开始逐步加强对全国有声读物的出版管理工作。2007年3月，为配合"4.23世界读书日"全民阅读活动，丰富阅读形式，原新闻出版总署组织开展了全国重点"有声读物"出版申报工作，共有61家音像电子出版单位上报了264种"有声读物"选题，4月通过论证、筛选，最终确定了100种选题入选《全国重点"有声读物"选题目录》。2011年，中国电信与中央人民广播电台合作，推出了名为"天翼阅读"的有声阅读业务；中国联通推出了"沃阅读"听书频道；中国移动推出了"手机阅读"频道。2015年4月，原国家新闻出版广电总局更是同时与中国电信、中国联通和中国移动三大运营商在北京签署了合作协议，共同举办了"书香中国e阅读"推广活动，助力全民阅读。2016年，播客以每月5000小时的内容更新量成为国内最大的有声读物出版发行商。随着中国有声读物和市场的不断发展，国家相关部门也从规章制度角度入手，不断对其加强管理和引导。2006年，国务院颁布了《信息网络传播权保护条例》；2013年，原文化部发布了《网络文化经营单位内容自审管理办法》；2014年，首个"中国听书作品反盗版联盟"成立；2016年，原国家新闻出版广电总局、工业和信息化部公布了《网络出版服务管理规定》；等等。有声读物的选题出版工作和市场发展管理制度的不断完善，有力地支持和推动了有声读物的发展，也促进了图书馆有声读物资源的建设和利用。随着移动便携设备的换代升级以及4G通信技术的快速发展，移动互联网下阅读环境变得更加开放包容，越来越多的大众读者加入了听书行列，阅读的选择权开始朝着多元化方向迈进。

易观智库数据显示：截至2016年，中国移动阅读市场规模达到了118.6亿元，其中有声阅读市场规模在2015年的16.6亿元的基础上增长至22亿元左右。就用户年龄分布来看，移动阅读用户呈现年轻化趋势；就用户职业分布来看，学生占比高达28.2%，其中有声阅读用户逐渐向85后、90后人群转化。

三、高校图书馆有声读物的阅读推广举措

（一）分类建设，夯实推广资源

移动互联网技术以及智能应用不断升级改造，高校图书馆线下业务正面临着大面积萎缩的局面，传统纸质文献借阅量已经呈现出下降趋势。有声读物的出现不仅保障了视觉障碍患者、文盲、低幼儿童等阅读群体的权利，同时也满足了高校读者数字时代碎片化阅读需要，特别是符合大学生读者的阅读习惯和兴趣爱好。高校图书馆面对真切的有声阅读需求，在传统业务不景气的背景下，应该抓住机遇，努力建设有声资源，为阅读推广转型奠定基础。目前，高校图书馆建设有声读物资源主要有三个渠道。

1. **直接购买资源**

高校图书馆通过购买途径获得的有声读物，只需要借助压缩、下载、播放技术即可使用，方便简单易操作。但在采购之前，图书馆必须开展充分的调研工作，广泛征求读者的意见，选择有正规渠道和有实力的资源出版发行机构进行合作，还需要对所购置的资源进行全面的甄选，确保资源的安全、健康和可靠。目前，市场上有影响力的有声读物资源供应商有EBSCO有声读物资源服务系统，系统与全球数字内容交付领头羊Findaway合作，提供了读者从移动设备直接访问资源的功能。系统凭借简化的工作流和有趣直观的设计，方便读者快速简易地搜索资源，并配合其APP，使在线聆听变得更加容易和方便。

2. **自建资源**

2013年，教育部语言文字信息管理司制定的《中国语言资源有声数据库建设工作规范（试行）》明确了由国家语委主管，按照国家统一规划、地

方组织实施、专家业务负责、社会参与建设的工作目标，为中国语言资源有声数据库建设提供了制度化保障。具备条件的高校图书馆可以依据中国语言资源有声数据库建设思路，依托区域内联盟组织，联合其他高校图书馆、公共图书馆及相关文化传媒和出版发行机构，首先做好有声资源中长期建设规划和资源调研选题工作，并通过设立录播室或有声资源制作中心，购置文字转化音频软件，以教学和公益性活动为目的，在版权许可的前提下，聘请专业演播人员对原作品进行有声录播。条件欠缺的图书馆可充分发挥图书馆馆员和校内师生读者的积极性，在进行必要的专业培训基础上，利用喜马拉雅FM等手机软件录播功能，立足校内教学科研需求和地方文献服务特色，有步骤地实现实体馆藏和有声数字资源的协调发展。

3. 搜集整理网络资源

为了节约资源建设成本和难度，高校图书馆在直接采购和自主建设的同时，还应加强线上免费有声读物资源的整合与揭示。高校图书馆应该组织专人对互联网上海量的免费有声资源进行整理和揭示，建成特色数字资源库或资源链接。同时，还可以与图书管理系统供应商合作升级图书管理系统，改造升级OPAC系统，使检索结果在不仅显示文献资源的物理馆藏，还可以显示相关资源的电子资源或有声资源链接，以满足读者多元化的信息需求。此外，图书馆还可以单独设计一个多媒体点播系统，搜集免费资源并加以著录。例如，北京联合大学应用文理学院图书馆自行建设的有声读物点播系统，点播系统由硬件和软件组成。其中，硬件部分主要包括一台稳定的服务器和一台有足够空间的磁盘阵列或网络存储；软件部分主要由WEB发布服务器、流媒体点播服务器、数据库软件、点播CMS网站管理系统、海量免费资源五部分组成。

（二）细分读者，增强用户黏合度

随着"互联网+"进程的加速，用户的个性化需求日渐突显，线上用户族群不断裂变，应用市场个性化定位更加精准，移动互联网开始进入精细化运营阶段。2016年1月，易观智库发布《中国移动互联网用户分析2016（简版）》显示：2015年移动互联网APP月均活跃用户覆盖率TOP10中前两名为腾讯旗下的微信和 QQ 产品，覆盖率分别达到 87.9% 和 65.8%。可见，移动互联网技术在满足多元化个性体验的同时，已将大批潜在线下用户黏合成最忠实的线上应用拥簇者。从中国新闻出版研究院历年发布的《国民阅读调查报告》可以看出，我国国民人均阅读量较世界其他国家仍处于偏低水平，纸质图书阅读量增长缓慢。有声读物的兴起和发展，不仅突破了传统阅读对视觉的依赖，而且使学习阅读能力不足和有阅读能力却无时间的群体都能随时随地地"听读"。因此，高校图书馆应顺势而上，针对不同师生读者的专业背景和知识需求，分门别类地制作符合不同类型读者阅读需求的内容，细分有声读物的受众群体。

一般来说，高校图书馆举办听书活动的主要对象有两种：第一种为学生，第二种为教师（包括所有职工）。高校图书馆应该根据不同类型的读者，有针对性地推送有声资源。例如，加强与学生组织和教学院系之间的合作，在充分调研大学生学习特点和阅读习惯的基础上，根据年轻人的阅读喜好进行有声读物的推送；年长的教师读者，由于繁忙的工作和生活，对有声读物这类新生事物接触较少，接受能力也较弱，但是对本专业知识的学习和评书、故事连载、人物传记、亲子阅读类文献有着浓厚的兴趣，图书馆可以通过简化听书的流程方式，推送相关的有声读物。同时，图书馆应该主动调整服务策略，在满足线下用户阅读需求的同时，拓展线上潜在用户族群，建立线上有声资源库分值评价机制，将有声资源优劣评价权交予读者，增强线上用户的体验度和黏合度，吸纳更多具有"听读"需求的潜在受众读者参与阅读推广活动。

（三）加强合作，实现跨界推广

随着云计算、大数据、"互联网+"等新一代技术的发展和应用，以信息技术为核心的新一轮科技和产业革命正在萌发。而线上用户的不断积聚增长，对潜在用户的挖掘已成为各方竞争的热点。相对于高校图书馆，商业性有声读物平台"重利益，轻公益"的经营理念使其能够更加灵活地调整线上合作策略而成功跨界融合。2014 年，酷听听书瞄准听书行业发展融合趋势，通过获得有声视听文化委员会管理资质认证，成立了有声行业首个战略联合集团——听书联盟，先后与澄文中文网、中信出版集团等数十家内容资源方达成全线战略合作，全面实现了内容、资源及渠道方面的行业聚合。2015年2月，中信出版集团选择酷听听书作为战略合作平台，为其提供文字作品版权，再由酷听听书将其文字作品录制成高质量的有声作品，同时针对热门书籍，开创了同一本书以"看+听"两种模式同时出版，为用户的阅读提供了多样性选择。

与线上应用市场火热相反，线下的图书馆传统业务正面临着大面积萎缩，在服务转型的驱使下，高校图书馆应积极主动地谋求变革与发展，以适应数字化技术带来的挑战。高校图书馆可以在平衡公益性与商业性冲突的基础上，积极尝试开展校内外跨界合作，在有声资源建设和服务推广方面，除了继续争取学校和政府的财政支持外，还应不断挖掘潜在读者的个性化特色，线上加强同听书平台、广播电台合作，并通过按需引进优质有声资源，优化馆藏结构，以满足不同群体的阅读需求。例如：吉林大学图书馆不仅与校内读者及相关部门合作，还积极与百度、喜马拉雅FM等平台合作，创建了"白桦书声"校园朗读分享平台，充分利用校内外资源开展了富有成效的"听书"活动，深受读者欢迎；武昌理工学院图书馆联合盛大天方，推出"读100本好书——博学实训"专栏，读者通过登录图书馆网站试用资源"天方听书"，即可收听、下载有声读物。

（四）借势营销，创建品牌活动

用借势营销手段来提高活动影响力和知名度，已经成为互联网经济时代各方发展的共识。高校图书馆除自身拥有丰富的实体和虚拟文献资源外，其在人们心中还是知识的殿堂，是学习的圣地，是一个具有无限价值的文化品牌。借助营销手段将线下实体馆藏与线上虚拟资源有机结合，广泛开展线上线下联动服务，是推动高校图书馆阅读推广活动由传统向数字化、智能化转型的必然选择。有声读物资源建立不仅能够缩短多元化阅读差距，更能满足图书馆读者随时随地阅读的需求。在有声读物营销推广工作方面，公共图书馆比高校图书馆起步较早，实际取得的效果也较为显著。例如，在"政府引导建设，用户免费使用"原则指引下，2012年"云图·公共数字有声图书馆"

与"深圳读书月"合作开展了图书漂流活动,在地铁站等公众场合放置听书设备供市民扫码下载,每天突破 7 万人次的下载量,20 万张体验卡也是供不应求,有声读物推广活动的尝试也吸引了众多主流媒体的跟踪报道和广大读者的关注。

第二节 高校图书馆新媒体阅读推广

一、新媒体与高校图书馆阅读推广

新媒体涵盖了所有数字化的媒体形式,包括所有数字化的传统媒体、网络媒体、移动端媒体、数字电视、数字报纸杂志等。它是一个相对的概念,是在报刊、广播、电视等传统媒体以后发展起来的新的媒体形态,包括网络媒体、手机媒体、数字电视等。新媒体亦是一个宽泛的概念,是利用数字技术、网络技术,通过互联网、宽带局域网、无线通信网、卫星等渠道,以及电脑、手机、数字电视机等终端,向用户提供信息和娱乐服务的传播形态。新媒体产业联盟秘书长王斌说:"新媒体是以数字信息技术为基础,以互动传播为特点、具有创新形态的媒体。"通常"新媒体"这一概念有两种界定,即广义与狭义。广义的"新媒体"是指运用网络数字技术及移动通信技术,以无线通信网、宽带局域网、卫星和互联网等为渠道,把手机、电脑、电视作为输出终端,向使用者提供语音数据、音频、在线游戏、远程教育、视频、音频等合成信息及娱乐服务的全部新型传播形式与手段的总称。狭义的"新媒体"是指以其形式丰富、互动性强、渠道广泛、覆盖率高、精准到达、性价比高、推广方便等特点,在现代传媒产业中占据越来越重要的位置。新媒体的"新"主要体现在以下三个方面:一是数字化,即数字化的传播方式;二是互动性,即双向性的信息传播;三是个性化,即信息传播与收阅的个人化。

《新媒体联盟地平线报告:2017 图书馆版(纲要)》显示,图书馆采用新技术在资源建设和服务过程中的"长期发展趋势"包括与利益相关者建立合作关系实现跨机构合作，信息交流的范围将包括交互性程序、各类非最终研究成果和网络交互信息等领域，记录形式也从印刷记录转变为数字记录，从纸质资料扩展到研究数据集、计算机系统模型、实验笔记本等，这些变化都将对信息记录形式产生深刻影响；"中期发展趋势"包括图书馆用户角色嬗变，即从被动接受的文化消费者变为主动参与制造内容的创造者，图书馆通过用户原创内容（UGC）的模式鼓励用户撰写博客、发表评论、分享图书等方式参与数字资源生产，图书馆将更加注重关注用户需求，通过提供针对性知识服务和技术工具服务等手段提升服务水平；"短期发展趋势"包括重视用户体验，很多图书馆借鉴商业网站的经验，将注意力更多地放在设计高质量的用户体验上，如美国密歇根大学图书馆在对学校网站界面设计、用户研究、可用性评估和可访问性等问题进行深入研究基础上，了解用户喜好，创新服务模式，一方面使得数据库和网站更易于浏览，研究内容更易被找到；另一方面也吸引了更多新读者。

在阅读媒介数字化背景下，读者阅读行为的变化主要体现在阅读方式、阅读对象、阅读结构和阅读规模属性等四个方面。其中，阅读方式将从固定场所转变为不受时空限制的自由、移动的数字化阅读；阅读对象将以纸质载体为主转变为纸质载体与数字载体、新媒体载体并驾齐驱；阅读结构将从整本文献为主转变为整本文献和碎片化新媒体阅读齐头并进；阅读规模属性将从个人阅读转变为社会化阅读。总体上，读者获取信息和积累知识的方式已经由被动接受转变为主动探索。2017年，中国新闻出版研究院发布的第十四次全国国民阅读调查报告显示，有数字化阅读行为的成年人中近九成为49周岁以下。另外，在18～29周岁群体中手机阅读接触率最高，为92.8%。所以，高校图书馆在开展阅读推广过程中要做好两方面工作：一方面，要加强数字资源和数字图书馆的建设；另一方面，要丰富阅读推广活动形式和手段，提高活动效益，其中又以注重应用新媒体技术为主要趋势之一。新媒体具有内容丰富、资源开放、操作便捷、灵活互动等特性，它不仅改变了大众读者的阅读行为和方式，也给图书馆工作和阅读推广服务带来了巨大的挑战，同时也带来了前所未有的创新发展和转型升级的机遇。

二、高校图书馆新媒体阅读推广研究背景

（一）高校图书馆新媒体阅读推广实践

为"推广阅读文化，弘扬大学精神"，2015年10月，首届全国高校图书馆阅读推广案例大赛总决赛顺利举办，大赛收到来自全国各地180多所高校图书馆的456个经典案例。大多案例来自"985"高校图书馆，同时也有案例来自一般本科学校和高职高专类高校图书馆。大多数案例中，或多或少地都应用了新媒体技术，得到了专家评委的普遍认可，并在实际活动中取得了很好的效果，详见表6-1。另外，获2012年第10届IFLA国际营销奖第一名的清华大学图书馆的"爱上图书馆"系列短剧，通过图书馆主页、优酷网、新浪微博等平台进行宣传，深受用户欢迎。2011年微信的推出，其便捷的服务手段和庞大的用户数量迅速吸引了高校图书馆的关注。相关研究显示，截至2015年7月25日，已开通微信公众号的"985"高校图书馆共计31所，占总数近80%，如今全国大多数高校图书馆已经开通了微信公众号，旨在传递服务信息和搭建用户沟通平台。

表6-1 首届全国（部分）高校图书馆阅读推广案例大赛新媒体应用情况统计表

报送单位	案例名称	奖项	新媒体应用	效果
四川大学图书馆	光影阅动—微拍电子书	一等奖	微视频拍摄、百度贴吧官方微博、人人网、优酷网、移动图书馆	数字资源使用率逐年提升，数字阅读已融入大学生的日常学习和生活
清华大学图书馆	读有故事的人，阅会行走的书——"学在清华·真人图书馆"交流分享	一等奖	文科馆微博、文科馆人人网公共主页、清华大学新闻网、新华网、搜狐网	活动被纳入清华大学"文化素质教育"课程，成为清华大学本科教育的有机组成部分

续　表

报送单位	案例名称	奖项	新媒体应用	效果
上海交通大学图书馆	鲜悦（Living Library）：以人为书，分享智慧	一等奖	图书馆主页、鲜悦主页、校主页、图书馆官方微博/微信、合作方微博/微信、交大微矩阵、朋友圈、同去网、人人网、交大BBS	促进真人阅读与传统阅读相结合，已经成为交大"书库"的一系列优秀品牌"书架"，荣获学校2013年文明创建特色项目
北京大学图书馆	"书读花间人博雅"——北京大学图书馆2013年好书榜精选书目/阅读摄影展	一等奖	线上社交媒体同步微展览	读者好评如潮，入馆率激增，好书阅读量大幅提升，受邀去外校展览
武汉大学图书馆	《拯救小布之消失的经典》——2015武汉大学读书节经典名著在线游戏	一等奖	图书馆微博、微信、主页、游戏专题网站、二维码	参与人数最多、参与院系覆盖最广、读者满意度最高的活动，美国芝加哥大学的学生主动联系图书馆，希望合作开发经典阅读推广游戏
天津财经大学图书馆	"书与剧的碰撞，你与我的思扬"话剧比赛	一等奖	线上投票评选	相关名著阅览量和借阅量显著提升
重庆大学图书馆	"以书评促阅读"的系统化推广案例	二等奖	书评系统、新浪微博、我的书斋、虚拟书友会	丰富了书评数据库，促进了馆藏借阅，提高了读者的参与度，保存了读者的阅读记忆
中原工学院图书馆	"阅读学"的教育与探索	二等奖	OA办公系统推送好书、书香校园网站、视频讲座	有机开展了校园阅读推广活动，有力推动了校园阅读文化建设，有效强化了校园文化建设
江西师范大学图书馆	"一站到底·名著阅读"知识竞赛	二等奖	图书馆官方微信公众平台、图书馆官方网站、微信平台报名系统、移动下载"歌德电子书阅读器"	吸引了众多读者的眼球，让更多的读者走进了图书馆，提高了馆藏资源的利用率

续 表

报送单位	案例名称	奖项	新媒体应用	效果
南京邮电大学图书馆	培养阅读情意 建设书香校园——以导读性馆刊《书林驿》为平台的书香校园建设	二等奖	电子版、手机版《书林驿》、微书评	以《书林驿》为平台的阅读推广常态化，人文社科类（不含语言文字类）的图书借阅量比重不断上升
吉林大学图书馆	"白桦书声"校园朗读分享平台	三等奖	百度"白桦书声"、吉林大学图书馆官方微博（"白桦书声"校园朗读播客）、喜马拉雅FM（白桦FM）	学生从被动的参加者转变为主动的策划者和组织者
三峡大学图书馆	三峡大学大学生讲坛	三等奖	微博、微信、网络电视	实现了大学生讲坛，大学生自己的"百家讲坛"
湖南理工学院图书馆	《湖说》：新媒体阅读推广练手记	三等奖	南湖社区官方网站电子杂志承载平台、官方腾讯博客、官方微信公众平台、南湖社区专属APP	新技术应用，读者兴趣盎然；熟能生巧，开阔视野，就业更自信；新平台结识了新朋友，形成新的资源结构

（二）高校图书馆新媒体阅读推广理论研究

1. 国外相关研究

国外专门性的阅读推广研究相对较少，专门探讨利用新媒体技术开展阅读推广活动的文章也不多，但总体上学者们早就意识到新媒体技术对高校图书馆服务工作的影响和冲击，几乎一致认为高校图书馆应该积极尝试运用新媒体技术升级传统阅读服务，以提高服务质量和水平。例如：恩赖特多年前就梳理了新媒体与图书馆之间的关系，以及图书馆馆员对新媒体积极的和消极的两种态度，指出随着新媒体的迅速发展，对收藏利用传统媒体资源的图书馆来说是个巨大的挑战，认为图书馆应该尝试应用新媒体技术促进图书馆的发展。蒙特等认为，随着新的信息技术的快速发展，图书馆已经超越原来的功能，成为一个互动的学习环境。高校图书馆必须利用共享、交流和搜索工具吸引学生和教师。曼索·罗德里格斯等分析了读者行为和技术工具在图书馆馆员、作者和读者之间建立联系的趋势，总结了西班牙一些图书馆和相关机构在阅读推广中应用的相关技术工具，指出网络环境下书友会应充分利用博客、社交网络等新媒体，以便提高活动的吸引力和关注度，同时实现阅读和知识共享的目的。丽莎·马丁等讨论了如何使用基于网页的游戏作为宣传工具，提出了适用于大学图书馆的一种实用的、以价值为导向的方法，即开发信息素养游戏并用于宣传和推广。

2. 国内相关研究

国内关于新媒体应用高校图书馆阅读推广工作的研究成果颇为丰硕，学者们普遍认为包括新媒体在内的各种新技术的发展，对高校图书馆阅读推广工作既是挑战更是机遇，图书馆应该积极主动迎接挑战，抓住机遇，利用新媒体技术丰富阅读推广活动的内容和形式，提高活动的参与度、满意度和有效度。谢蓉等（2009）提出，随着电子阅读的迅速发展和纸质阅读逐年下降，图书馆要继续保持阅读大本营的地位，需要积极运用阅读 2.0 理念，探索新的阅读推广方式，如与读者互动、与"豆瓣"双向互检的 OPAC2.0 的运用，海量信息的整合及一键搜索，众多 Web2.0 工具的混搭，以便有效地开展图书的宣传推广工作，提高图书馆和资源的利用率。新媒体时代，高校读者获取信息的渠道和阅读方式都发生了改变。针对这种情况，高校图书馆应利用新媒体阅读的特点，通过建立阅读推广长效机制，实施与新媒体相适应的阅读推广活动。新媒体阅读的出现，改变了大学生的阅读习惯，给高校图书馆阅读推广工作带来了新的挑战。高校图书馆应从馆内、网络和馆外三个角度探讨新媒体阅读推广策略。王彦力等（2016）分析了北京大学、重庆大学、四川大学等高校图书馆的一些精彩的阅读推广案例，总结出以多媒体技术、新媒体平台、大数据推广理念、游戏式推广、业务流程再造为支撑的五种基于信息技术的阅读推广模式。董妍（2016）认为，随着新媒体的蓬勃发展，高校图书馆应积极转变传统观念，借助软件系统，融合图片、音乐、文字等形式，从读者角度出发，以实时、便捷、开放、互动的方式进行宣传和推广。同时，采取主题阅读形式，树立阅读推广品牌，进行有效性评价，加快数字图书馆建设等有效措施，营造书香校园的文化氛围。

微博、微信作为新媒体的代表，在高校图书馆阅读推广工作中目前是效果最好的、使用最普遍的，但依然存在着发展进步的空间。郭文玲（2015）对10所高校图书馆的微博概况、微博阅读推广内容、微博阅读推广体系进行统计与比较，发现微博缺少主题化的"微语录"、缺少条理化的"微话题"、缺少个性化的"微推荐"、缺乏一体化的"微体系"等问题，提出图书馆要明确微博阅读推广理念、建立一体化微博阅读推广体系、设置条理化阅读推广话题、打造形象化阅读活动直播平台、创建有温度的阅读推荐平台、形成主流化的阅读热点引导平台、建设创造性的阅读交流分享平台。万慕晨和欧亮（2015）通过调研发现，目前"985"高校图书馆微信阅读推广效果参差不齐，提出应着力加强平台宣传、重视读者需求、保证信息质量、明确服务重点。

三、高校图书馆新媒体阅读推广策略

（一）提高馆员认识，搭建活动平台

根据实践经验及新媒体自身的特点和优势，合理应用新媒体技术，丰富阅读推广活动的内容和形式，将有效提升活动宣传及整体效果。由于工作思想观念和新媒体技术应用经验不足等原因，目前高校图书馆应用新媒体技术开展阅读推广活动的广度不够，部分高校图书馆仍然坚持采用传统模式开展活动。另外，部分高校图书馆利用新媒体转型，但阅读推广活动的深度也不够，仅仅通过图书馆官方网站和微博/微信等平台，将活动信息简单地予以宣传，并没有对活动进行全程性、立体化的深入宣传报道，也没有将新媒体技术和理念深入应用到整个活动的组织实施过程中。

面对新的信息传播技术变革带来的挑战和机遇，高校图书馆应该与时俱进、解放思想。首先，应加强工作顶层设计。要树立积极应用新媒体技术和方法的工作理念，加强新媒体阅读推广服务模式的整体规划，基于不同技术和手段，自主开发管理独立的图书馆门户网站，然后有步骤、有计划地开展数字资源阅读推广，移动图书馆推广和电子阅读器借阅推广等工作，逐步将新媒体技术和理念融入整个活动，以便提升活动效益。其次，要加强内部宣传和培训工作。新媒体时代背景下，信息传播方式、渠道和内容的急剧转变，

对于图书馆馆员来说也是一种新的工作环境。高校图书馆要组织开展面向内部员工的专门性的新媒体概念和应用的宣传与培训工作，确保图书馆馆员具备应用新媒体的能力。最后，应加强活动平台的搭建。高校图书馆应该根据自身的实际需求，开发与利用相关新媒体阅读推广平台，并加强与校内各部门之间的合作，建立一体化的活动平台体系，借鉴新浪微博、腾讯微博、搜狐新闻客户端在阅读推广新媒体平台的搭建过程中强调的"活动矩阵概念"，即通过新媒体平台具有的信息无缝推送、同步等功能，使高校图书馆与各部门之间在开展阅读推广活动中形成统一的网络表达出口，使活动变一家"独唱"为大家"合唱"。

（二）全面建设资源，加强宣传工作

馆藏数字和新媒体资源，是图书馆新媒体阅读推广工作的基础条件之一。高校图书馆要大力实施图书馆资源数字化，转变资源的利用方式，提高资源的利用率。大英图书馆为了方便读者利用新媒体品味经典，提高经典文献的利用率，于2011年开始数字化馆藏19世纪的经典文献资源6万多册，读者可以通过iPad等阅读工具免费下载阅读。同时，高校图书馆需要组织专门机构配置专业人员，加强网络资源的整合和揭示，对网络资源进行下载或链接，建立个性化的特色资源服务平台和资源库，方便读者通过新媒体技术利用数字资源。

正如凯文·凯利（Kevin Kelly）所说，在数字时代，图书并没有死，只是换了一种活法。数字时代下，图书馆阅读推广的形式也将随着新媒体技术的应用变得更为丰富多彩。相对于传统的阅读推广活动形式，新媒体阅读推广活动更容易吸引大学生的关注，也更容易被大学生接受，因此，高校图书馆必须大力宣传、引导读者接触并接受新形式的资源和推广活动。同时，虽然网络时代新媒体阅读环境下读者的信息获取渠道多样、信息获取数量极为丰富，但网络数字资源也存在信息质量良莠不齐和信息泛滥、信息鸿沟、信息安全、知识产权等问题，读者的新媒体阅读素养亟待加强。正如美国学者约翰·奈斯比特在《大趋势》中所说的："大量但无序的信息，不仅不是资源反而是灾难。"所以，高校图书馆应该通过开展信息检索与利用教学、组

织新生入馆教育、举办新媒体阅读能力提升培训会等活动，引导师生读者开展新媒体阅读，提升师生读者新媒体阅读能力和兴趣。如今，欧美许多国家都已陆续在学校教育中开设新媒体阅读素养课程。其中，美国将"阅读优先计划"作为国家政策，并强调新媒体阅读及素养的重要性。

（三）加强经典阅读推广和新媒体阅读推广的融合

美国作家尼古拉斯·卡尔在《Google是否让我们越来越傻》一文中说："人类是否正在失去阅读经典的能力，甚至是失去阅读一篇长文的耐心，有的只是零碎的片段以及习惯这些零碎片段的记忆和阅读习惯。"美国历史学教授西奥多·罗斯扎克在《信息崇拜》中说："信息，到处都是信息，唯独没有思考的头脑。"碎片化阅读和浅阅读不仅不利于读者汲取经典文献的知识养分，也是图书馆馆员对开展数字化阅读推广担忧和困惑的原因。如何既借助于新媒体优势提高阅读推广的吸引力，又能有效防止大学生阅读的碎片化和肤浅化，需要高校图书馆有效地将经典阅读与新媒体联系在一起。一方面，阅读内容的质量和建设是提高读者阅读品位的基础。高校图书馆要开发数字化的经典文献资源，并通过新媒体和网络向读者推送，如武汉大学图书馆创建了"珞珈风范——武汉大学名师库"，全面收录了各个时期武大名师的相关资料，读者随意点开一位名师，即可出现该名师的个人传记、笔耕档案、影像故事、社会记忆等板块内容，在板块内又配有丰富的档案文献资料或链接，链接不仅提供馆藏信息，还提供了"读秀"全文在线阅读功能。另一方面，合理的阅读推广策略和内容是引导读者进行经典阅读的保障。高校图书馆应该整合各种媒体技术，开展多元化、立体式的阅读推广活动，促进读者进行经典阅读。如我国台湾地区出版人郝明义策划的"经典3.0"阅读推广活动，除了文字，还采用讲座、图像、影像等多种方式，使阅读更加立体、生动。同时，浅阅读和深阅读两者之间并非不能共存，二者有着各自的特性和优势。高校图书馆应该通过微书评、在线游戏等浅阅读活动吸引读者的阅读兴趣，再通过合理的方法引导读者进行深阅读。武汉大学图书馆开发了经典名著在线游戏，引导大学生对经典名著的深思和研究，有效地提升了大学生的经典阅读兴趣和能力；天津财经大学图书馆通过话剧比赛活动引导大学生进行深阅读，有力地提高了图书馆相关名著文献的利用率等；北京大学图书馆利用其官方微博、微信推出的"一书一图一介绍"网上微展览，每天在线推出一段短文配上图片，符合大学生的阅读习惯，也有效地提高了相关经典文献的借阅率；南京师范大学图书馆官网上的"馆藏精选图书推介"栏目中，有一个"特别推荐"子栏目，该栏目根据大学生关心的热点问题和专业特点，搜集馆内与此相关的图书资源，并制成专题，向读者推介。

（四）加强传统阅读推广和新媒体阅读推广的融合

随着阅读推广活动的不断深入和新媒体技术的不断发展，面对以大学生为主要对象的高校图书馆阅读推广活动，将更多地应用或依赖互联网和新媒体技术。然而，传统模式下的阅读推广活动也有体验性强、短期影响大、监控方便等自身优势。所以，未来传统阅读推广和新媒体阅读推广将各自发挥优势，两者将相辅相成共同发展。同时，高校图书馆阅读推广有时是一系列不同主题的活动，有时又是同一主题一系列不同内容形式的活动，在这种情况下，新媒体和传统阅读推广活动形式也将更容易互相借力发挥各自特点。南京信息工程大学图书馆为纪念中国人民抗日战争暨世界反法西斯战争胜利70周年，开展了以"勿忘国耻，以史为鉴，面向未来，振兴中华"为主题的阅读推广活动。同时，利用图书馆LED大屏，举办了纪念中国人民抗日战争暨反法西斯战争胜利70周年图片、图书展。此外，还举办了"勿忘历史，重读经典"经典书籍展示会，并根据相关资料准备了300个竞赛题目，以网络答题的方式与读者互动，吸引了众多读者的参与，取得了很好的效果。另外，根据高校图书馆阅读推广发展趋势，图书馆总体策划牵头的角色定位可能将进一步转变和明确，活动将越来越多地发挥读者的主观能动性，特别是大学生读者参与活动的积极性和创造性，他们更愿意利用互动性强、个性化强的新媒体开展活动。吉林大学图书馆充分调动了学生开展活动的积极性和主动性，创建了"白桦书声"校园朗读分享平台，让学生从被动的参加者转变为主动的策划者和组织者，利用新媒体开展阅读推广活动。

第三节　高校图书馆阅读推广口碑营销策略

2005年，OCLC一份报告中显示：89%的大学生进行信息检索时首先选择搜索引擎，而只有2%的大学生选择图书馆网站。中国新闻出版研究院发布第十四次全国国民阅读调查报告显示，2016年我国成年国民数字化阅读（网络在线阅读、手机阅读、电子阅读器阅读等）方式的接触率为68.2%，较2015年的64.0%上升了4.2个百分点。作为校园文化信息中心的高校图书馆，已经不再是大学生获取信息的唯一渠道，甚至已经不是信息获取的主要渠道。面对数字信息技术的挑战和大学生阅读率下降的现象，图书馆一面加强数字资源建设和使用，一面提供活动化阅读推广服务，旨在促进资源利用率和图书馆使用率。多年来，高校图书馆开展了大量的阅读推广实践活动，并不断尝试应用其他学科领域的知识来提升活动效益，尽管通过各种营销技术和手段开展阅读推广，也取得了一定的成绩和进步，但总体效果不理想。早在2006年，有学者就认为图书馆地位的丧失，在很大程度上是因为它们在营销上的失败。因而，如何成功借助营销手段提升活动效益，创建品牌活动，并建立维系品牌的长效机制，已经成为高校图书馆阅读推广活动中亟待解决的问题之一。

一、图书馆营销与口碑营销

（一）图书馆营销

由于"营销"带有营利性惯例思维，国外图书馆管理学中的"Marketing"一词，在国内一般被翻译成"宣传推广"。相比较而言，高校图书馆在向读者推销图书馆服务的历史远远落后于公共图书馆。随着高校图书馆阅读推广工作的不断深入，为了提升活动效益，建立活动品牌，阅读推广营销化已经成为发展趋势之一。图书馆营销（Library Marketing）源于营销（Marketing）。

根据杰罗姆·麦卡锡在《基础营销学》中的定义："营销是指某一组织为满足顾客而从事的一系列活动。"在当代图书馆学研究中，图书馆营销是图书馆整体工作的一部分，它不仅是宣传推广活动，还包括探寻满足用户需求的支点、构建与用户群体的稳定关系、持续性的用户交互等要素，是图书馆实现服务、资源贴合需求的内外部良性循环及社会效益最大化的重要业务过程。2008年，曾尔雷提出营销是组织和个人对产品或服务双向沟通的行为，现已成为图书馆提升服务效益和资源效益的一种全新理念和方法。2011年，谢梅英和沈丽英在研究中开始提及运用品牌意识统领阅读指导工作。为了奖励开展具有创造性、以业绩为导向的市场营销项目或活动机构，增强图书馆实施营销活动的兴趣和能力。IFLA管理与市场营销委员会于2001年起设立国际营销奖，为了扩大影响范围，后来又将汉语和阿拉伯语等共7种语言设为官方语言。目前，在图书馆营销方面，IFLA国际营销奖是影响力最大的、认可度最高的一个奖项，唯有英国图书馆与情报专家学会（以下简称"CILIP"）的"公共关系与公共宣传奖"可与之媲美。随着该奖项的影响力进一步增强，在获奖的组织机构中频频出现高校图书馆的身影（详见表6-2），说明高校图书馆已经认识到作为社会文化体系的重要组成部分，也应该通过营销宣传推广工作，提高资源利用率和服务水平，提升自身的社会地位和认可度。随着新时期信息环境的不断革新，国际营销奖设置的目的已不是仅奖励一个具有特色的营销项目，而是更加关注图书馆营销理念的根植和营销策略体系的构建。

表6-2 历届IFLA国际营销奖中高校图书馆获奖机构和项目统计表

年份	届次	奖次	国别	图书馆	项目名称	项目简介	营销方式
2004年	第二届	2	泰国	朱拉隆功大学学术资源中心	朱拉隆功大学数学知识资产	对象：学术资源中心用户 目标：提高全文数据库使用率 手段：使用客户识别、市场区分、营销策略和评估等诸多营销技巧	顾客导向营销

续 表

年份	届次	奖次	国别	图书馆	项目名称	项目简介	营销方式
2004年	第二届	3	英国	纽曼高等教育学院图书馆与学习资源中心	我们为你报新闻	对象：图书馆与学习资源中心用户 目标：鼓励学生作为专栏作者，提高图书馆利用率 手段：创建《图书馆时报》，同时有内部网和发行版本	客户识别、公共关系营销
2007年	第五届	1	爱沙尼亚	塔尔图大学图书馆	夜间图书馆和妈妈学生	对象：备考学生和有孩子的学生 目标：满足他们考试期间的阅读需要 手段：夜间开放图书馆，为妈妈学生提供儿童看护室	顾客导向营销、目标市场营销、情感营销、分类营销
2010年	第八届	3	挪威	卑尔根大学图书馆	图书馆魅力——卑尔根大学图书馆的展示	对象：图书馆用户 目标：介绍图书馆资源、激发利用图书馆兴趣，提升图书馆的价值 手段：在线宽带视频展示图书馆及资源	广告营销
2010年	第八届	1	印度	印度商学院学习资源中心	知识结伴，提升自我	对象：校内师生用户 目标：提高用户对图书馆的使用率，促进用户的知识更新 手段：整合信息，开发新的信息产品线，提供个性化的信息推送服务	个性营销
2011年	第九届	3	美国	乔治亚理工学院图书馆	在书架中迷失	对象：图书馆用户 目标：提高用户对图书馆的使用率 手段：以摇滚电台节目为推广项目，将当地的历史、时事、音乐文化与图书馆联系在一起	联合营销、植入式营销

续 表

年份	届次	奖次	国别	图书馆	项目名称	项目简介	营销方式
2012年	第十届	1	中国	清华大学图书馆	爱上网书馆视频及排架有戏	对象：在校学生，特别是新生 目标：提升图书馆知晓度和信息素养 手段：拍摄系列主题微电影，利用新媒体渠道传播；通过游戏闯关形式，促进学生了解图书馆	体验式微营销、奖励营销
2012年	第十届	2	加拿大	滑铁卢大学图书馆	图书馆创意纽章活动	对象：图书馆用户 目标：宣传图书馆，发展非图书馆用户 手段：通过设计13个富有创意的纽扣，通过线上线下渠道对图书馆视觉标识进行宣传	奖励营销、企业形象识别、系统营销（CIS）
2013年	第十一届	1	爱沙尼亚	塔尔图大学图书馆	会说话的教科书	对象：有视觉障碍和学习困难的学生 目标：向潜在用户推广新的服务 手段：参与公共研讨会，以获得服务反馈和评估；与学校合作，招募学生志愿者开发数字化音频软件，辅助他们阅读	顾客导向营销、情感营销、分类营销
2016年	第十三届	2	中国	厦门大学图书馆	"圕·时光"	对象：毕业生 目标：提升图书馆知名度 手段：为用户呈现个性化的阅读报告，并通过新媒体手段，营造校内读者对图书馆的"情怀感"	情感营销、个性化营销、微信、微博营销

续　表

年份	届次	奖次	国别	图书馆	项目名称	项目简介	营销方式
2017年	第十四届	1	中国	北京科技大学图书馆	读书天	对象：校内读者 目标：宣传图书馆，激发读者利用图书馆的兴趣 手段：通过微信平台荐书、邀请用户共写书评	体验式微营销
2017年	第十四届	3	中国	武汉大学图书馆	真人图书馆	对象：校内读者 目标：给学生用户带来书本知识以外的收获 手段：真人图书馆活动	深度营销

注：第一届、第四届、第六届、第七届的前三名获奖者中未有高校图书馆；第三届2005年无赞助商，未评

（二）图书馆口碑营销

高校图书馆在实践活动中积极尝试了各种营销方法和策略，如历届IFLA国际营销奖中获奖的高校图书阅读推广项目，其中口碑营销以其独特的优点和功能，已经成为高校图书馆阅读推广工作中运用营销策略树立品牌活动的重要手段。口碑（Word of Mouth）源于传播学，由于被市场营销广泛地应用，所以有了口碑营销。传统的口碑营销是指企业通过朋友、亲戚的相互交流将自己的产品信息或者品牌传播开来。菲利普·科特勒将21世纪的口碑传播定义为：由生产者以外的个人通过明示或暗示的方法，不经过第三方处理和加工，传递关于某一特定或某一种类的产品、品牌、厂商、销售者，以及能够使人联想到上述对象的任何组织或个人信息，从而导致受众获得信息、改变态度，这是影响购买行为的一种双向互动传播行为。口碑营销又称"病毒式营销"，其核心内容就是能"感染"目标受众的病毒体——事件，病毒体威力的强弱则直接影响营销传播的效果。在信息爆炸和媒体泛滥的环境中，大众对广告甚至新闻已经具有极强的免疫能力，只有制造新颖的口碑传播内容，才能吸引大众的关注与议论。口碑营销的流行来源于网络，其产生背景是博客、论坛这类互动型网络应用的普及，并逐渐成为各大网站流量最大的

频道，甚至超过了新闻频道的流量。

口碑营销的特点是以小博大，在操作时要善于利用各种外部因素，如自然规律、政策法规、突发事件，甚至是竞争对手，为己所用。同时，它具有宣传费用低、可信任度高、针对性强、提升企业形象、发掘潜在消费者成功率高、影响消费者决策、缔结品牌忠诚度、更具亲和力等特点。柯比调查发现，口碑营销比其他的营销技巧更可靠，因为只有14%的人相信他们所看到、读到或听到的广告。令人惊讶的是，90%的人会相信他们的家人、朋友或同事而支持某项服务或某种产品，因为他们认为其没有既得利益。口碑营销专家迈克尔·卡佛基曾指出："口碑是头脑中的低技术方法，但它却诉诸市场中所有高科技噱头来实现。"微软前博客负责人斯考伯说："再不经营博客，企业将沦为二流角色；再不放低身段，倾听来自消费者的声音，历史性的口碑营销机遇也会与你擦肩而过。"乔治·西尔弗曼说："口碑营销的效果是传统营销的数千倍。"

高校图书馆阅读推广口碑营销的基本目标是让读者之间交流图书馆阅读推广活动，以便提升活动的认可度和参与度。具体地说，就是让"值得信赖的读者"感受阅读推广服务，而不必考虑是否参加活动或甄选活动的内容。如网友"贺兰泰"的一条微博中提到："杭州图书馆对所有读者免费开放，因此也有了乞丐和拾荒者进门阅览。图书馆对他们的唯一要求就是把手洗干净再阅读。有读者无法接受，说此举是对其他读者不尊重。褚树青馆长则回答：'我无权拒绝他们入内读书，但您有权利选择离开。''我希望通过这样的行为方式，去改变、教育一些人：人人生而平等。'"因此，很多人称杭州图书馆为"史上最温暖图书馆"。在首届全国高校图书馆阅读推广案例大赛中获奖的高校图书馆案例，一个个无不是从长年积累下大量人气的品牌活动中孕育而生的，正是凭借着活动的口碑和影响力，使它们在全国众多案例中脱颖而出，引领着全国高校图书馆阅读推广事业的方向。新墨西哥大学图书馆通过口碑营销策略，说服了大学教师管理委员会转变对待图书馆的态度，并使其成为图书馆服务宣传的"传播引擎"，进而成功转变了图书馆在读者心目中"形象差、地位低、作用小"的观念，成功推广了图书馆和图书馆资源。

二、口碑营销的应用与高校图书馆阅读推广

乔治·西尔弗曼认为：谈论服务只是流程的一半；而让人们实际感受、利用服务则是口碑营销的另一半，也是口碑营销的力量所在。根据口碑营销的主要原则和总体实施方法，高校图书馆在应用口碑营销促进阅读推广过程中，具体流程主要应包括以下五个步骤：

（一）制订计划

"如果你不知道你要去哪里，那么你哪儿也去不了。"高校图书馆利用口碑营销促进阅读推广活动之前，首先应该要制定一个长期规划，因为大部分阅读推广活动效益具有隐蔽性，口碑营销效益同样也需要一定时间的沉淀发酵。规划要建立活动长效机制，要明确相关活动的使命、愿景和战略方向，要明确活动的受众范围。其中，战略方向是口碑营销努力的根本，是口碑营销努力的指南。

（二）寻找意见领袖

口碑营销注重顾客体验。所谓顾客体验，即顾客跟企业产品、人员和流程互动的总和。例如，在戴尔公司总部每间办公室的留言板上都写着一句口号："顾客体验：把握它"，公司甚至认为"顾客体验将是竞争的下一个战场"。所以，高校图书馆在开展阅读推广活动之前，要成立以核心读者为成员的"意见领袖"。意见领袖是读者圈内的权威，他们的观点能被其他读者广为接受和支持，意见领袖应该是一个组织，成员包括师生读者代表、学校组织机构代表和图书馆内部馆员，特别值得注意的是，成员中的图书馆馆员不仅能为其他成员介绍图书馆资源和服务，而且是口碑营销意见领袖的重要组成部分，不可忽视，更不可或缺。

（三）确定活动/服务

没有哪一种阅读推广活动适合所有读者，虽然高校图书馆拥有丰富的资源，可以开展形式多样的阅读推广活动，但是面对数量众多的读者以及日益

复杂的信息需求，高校图书馆要充分发挥"意见领袖"的作用，深入了解读者的实际阅读服务需求，针对不同读者组织实施各具特色、切实可行的阅读推广活动。同时，要认识到口碑营销只是众多营销方法中的一种，它只是阅读推广活动的一种手段，仅仅依靠口碑营销来树立广受欢迎的品牌活动是不科学的，也是不合理的。正所谓，口碑是目标，营销是手段，产品是基石。只有开展符合读者实际需求的活动，才能在读者群体内树立正面口碑；否则会适得其反，形成负面口碑。

（四）建立客户关系

阅读推广活动内容和形式确定后，图书馆需要将活动意义和目标传递给核心读者，并维护好核心读者的关系，让核心读者支持图书馆的活动，并作为传播者在其他读者群体中广为宣传。高校图书馆阅读推广活动中的核心读者主要包括教师和学生，图书馆要通过采取以下措施，使学生与学生、教师与教师之间进行交流讨论活动。一是通过研讨会、讲习班或演讲等活动，以图片、PPT和视频等形象生动的传播途径，将阅读推广活动信息传递给核心读者，让他们了解图书馆是他们学习、生活和工作的重要伙伴，阅读推广活动是他们提升学习、生活和工作质量的重要手段。二是利用体验式销售理念，让核心读者切身感受阅读推广活动的过程和实际意义。以他们希望的时间、希望的地点、希望的方式为原则，开展他们实际需求的服务活动。三是注意收集核心读者对活动的反馈意见，完善活动纠错机制，使活动更趋于科学化。据专业市场研究公司调查得出的结论，只有4%的不满顾客会对厂商提出他们的问题，但是有80%的不满顾客会对自己的朋友和亲属谈起某次不愉快的消费经历。因此，在收集核心读者对活动的意见过程中，要特别注意那些容易被忽视的"微不足道"的错误，因为这些正是口碑营销的致命缺陷。

（五）其他相关工作

谈论者是口碑营销的起点，用户之间的互动交流是关键。为了更方便有效地利用口碑效应，新时期高校图书馆应该注重运用诱发口碑的宣传工具，如搭建网络平台，利用微博、微信、论坛等新媒体建立口碑营销渠道，方便读者之间的交流和互动。同时，图书馆要为阅读推广工作设计形象生动的、独特的活动标识和朗朗上口的活动标语等。

形象代表是众多营销活动中必不可少的重要组成部分，高校图书馆需要结合阅读推广活动的内容和特征，选择形象好、符合活动要求的校内外领导和师生代表为活动代言，并根据活动的变化及时更换活动代言人。

实施奖励，给读者一定的物质或精神奖励，让他们帮助完成一次正面的口碑传播，将加快图书馆阅读推广活动的口碑营销进程。例如，鼓励读者将阅读推广活动新闻和网站推荐给其他读者、与其他读者分享活动体验、传播活动的作用和意义等。

三、高校图书馆阅读推广口碑营销的注意事项

（一）坚持诚实营销

口碑营销不是靠创意取胜，也不是靠炒作一鸣惊人。口碑营销的力量在于它的诚实，它是关于真实和透明的意见（包括好的和坏的）。用户坚持信任他们的朋友、家人的意见，是因为他们纯粹的、无偏见的意见。正所谓，"酒香不怕巷子深"，但关键要"酒香"。高校图书馆在开展口碑营销阅读推广中，一定要坚持开展读者需要和读者感兴趣的活动，能真实有效地促进读者阅读和读者素养。同时，要注意建立长效机制，不断适应时代的变化，要维系品牌阅读推广活动的生命力，不能故步自封，忽视对活动质量和效益的评价与持续提升工作。

（二）坚持内部营销

多数情况下，很多组织片面地理解营销只是对外部进行的营销，组织内部的口碑营销经常容易被忽视。实际上，内部口碑营销不仅有利于馆员对图书馆活动目标的支持和理解，而且有利于统一图书馆内部的工作意见并在工作中形成合力。同时，在实际营销过程中发现，如果组织内部作为负面口碑信息源的话，其负面效应要比组织外部一般用户的传播效应大得多。所以，高校图书馆在开展口碑营销阅读推广中，首先要树立馆员的营销理念，让馆

员理解并支持口碑营销。馆员真心实意地开展阅读推广活动，往往比一般的口碑传播者的赞美更具有说服力。

（三）坚持网络营销

口碑是一把双刃剑，既可以为企业带来正面口碑效应，也会由于负面口碑的传播带来负面效应，尤其在新媒体时代，更验证了"好事不出门，坏事传千里"的道理。更有数据统计，负面口碑的传播速度是正面口碑的十倍，因此负面口碑的处理绝不能放松。有人说，口碑营销的主要工作之一与其说是将好的口碑传播出去，不如说是管理坏的口碑。高校图书馆在开展口碑营销阅读推广中，不仅要注重网络营销平台和渠道的搭建，更要注意收集网络口碑传播的负面信息，并及时予以有效处理，及时纾解读者对图书馆及其阅读推广活动的疑惑和不满。

（四）坚持持续营销

没有哪一种营销手段和方法能解决阅读推广中的所有问题，图书馆阅读推广服务属于无形的文化产品，活动效益不仅无形，而且活动的检测和评估的难度大。高校图书馆要长期坚持开展阅读推广活动，同时要坚持开展口碑营销工作，要使普通的读者不断升级为口碑传播大使，不断扩大口碑传播的深度和广度。沟通交流互动是口碑营销的必要手段，高校图书馆要不断深入开展有价值、有针对性的阅读推广活动，而非仅仅依靠口碑营销，避免邀请许多名人，却丝毫没有产生"名人效应"的现象；避免邀请许多顾客"现身说法"，却给人以"托儿"的嫌疑和印象。

（五）坚持整合营销

口碑营销虽然具备可行度高、针对性强等特点和优势，但它只是众多宣传推广中的一个环节，把口碑营销从营销中剥离，仅仅依靠口碑营销来建立活动品牌是不科学，也是没有效率的。在核心读者努力进行口碑宣传的同时，高校图书馆应该同步开展系统的营销和公关工作，能够成功运用诸多营销方式和手段，使各种宣传推广营销策略互为补充，才是营销策略的精髓所在。

阅读推广是一项长期而艰巨的工程，无论采用何种营销手段和方法，都是为了提升阅读推广活动的效益，不断满足读者的阅读和信息需求。高校图书馆首先要有走出"象牙塔"的态度和信心，树立营销推广理念，不仅要实现"书有其读者、读者有其书"的图书馆价值目标，而且要在有限的资源条件下，更好、更有效地完成目标。通过借鉴国内外高校图书馆运用营销知识开展阅读推广实践的成功经验，国内高校图书馆需要敢于突破传统的束缚，打破现有成绩的光环，通过不断丰富活动的营销手段，应用口碑营销等技术和方法，使各种营销策略互为补充，相辅相成，最终提升阅读推广工作的效益，树立活动品牌，并保持活动正面口碑效益的持续发力。

第七章　高校图书馆的德育教育

第一节　高校图书馆德育功能理论阐释

一、高校图书馆德育教育的内涵

德国哲学家康德曾强调:"教育最大的秘密便是使人性完美,这是唯一能做的。"德育教育是道德活动的重要形式之一,是指一定社会或集团为使人们自觉遵循其道德行为准则,履行对社会和他人的相应义务,而有组织、有计划地施加系统的道德影响。它是一定社会或集团的道德要求转化为人们内在品质的重要条件之一。在多数国家的学校德育特指道德教育,我国学校德育泛指政治教育、思想教育、道德教育等,实为社会意识教育。比较完整的道德教育过程,一般包括提高认识、陶冶情感、锻炼意志、确立信念和培养行为习惯等主要环节。与通常的知识教育相比较,道德教育具有广融性、同时性、多端性、重复性、实践性和渐进性等主要特点。确定道德教育的方法和手段,主要是根据道德品质形成的特点和受教育者的实际状况,一般采取正面疏导的方针,实行传授道德知识和总结受教育者的道德生活经验相结合,个人示范和集体影响相结合,榜样激励和舆论扬抑相结合的方法。社会主义社会的道德教育,主要是培养人民的共产主义道德品质,提高人民的历史主动性,推动社会秩序和社会风气的不断改善。它既从现实经济政治关系的实际需要和可能出发,又着眼于人民道德境界的不断升华。它不仅注重清除一切旧道德的消极残余和影响，积极配合和保证政治、法律、知识、审美等方面的教育，而且更注重于培养人民的社会责任感和道德选择能力。

大学的重要任务之一就是培养人才。培养什么样的人才，这是由社会主义教育的本质和根本任务所决定的，培养什么样的人才决定了如何培养人才。2004年，中共中央、国务院发出了《关于进一步加强和改进大学生思想政治教育的意见》（以下简称《意见》）。《意见》强调指出，加强和改进大学生思想政治教育的主要任务之一是以基本道德规范为基础，深入进行公民道德教育。具体要求是：要以为人民服务为核心、以集体主义为原则、以诚实守信为重点，广泛开展社会公德、职业道德和家庭美德教育，引导大学生自觉遵守爱国守法、明礼诚信、团结友善、勤俭自强、敬业奉献的基本道德规范。坚持知行统一，积极开展道德实践活动，把道德实践活动融入大学生的学习生活之中。修订完善大学生行为准则，引导大学生从身边的事情做起，从具体的事情做起，着力培养良好的道德品质和文明行为。2014年9月9日，习近平总书记在同北京师范大学师生代表座谈时指出，要把立德树人的成效作为检验学校一切工作的根本标准，真正做到以文化人、以德育人，不断提高学生的思想水平、政治觉悟、道德品质、文化素养，做到明大德、守公德、严私德。

德育是道德价值最直接的实现方法，它也最能体现道德的功能发挥。德育效果充分发挥程度的大小，德育成效的高低，是对德育功能发展成果的综合反映。德育效果最优化就必须发挥出德育功能最好的效果，但是德育功效的良好发展也必须是体系化的，在德育系统内各种因素之间和通过这些因素可以与环境建立良性的互动机制，并通过互动形成良性的德育效应。

二、高校图书馆德育教育的时代价值

（一）高校立德树人的必然要求

党和国家历来高度重视大学生社会主义道德教育工作。在2014年召开的第二十三次全国高等学校党的建设工作会议上，习近平总书记强调，高校肩负着学习研究宣传马克思主义、培养中国特色社会主义事业建设者和接班人的重大任务。办好中国特色社会主义大学，要坚持立德树人，把培育和践行社会主义核心价值观融入教书育人全过程。学术界对"立德树人"的概念和内涵仍存在分歧，尚未形成统一的标准。正确界定"立德树人"的概念和内涵，不仅关系到学术界对"立德树人"研究的理论创新，也关系到如何充实其实质内容，指导具体的德育工作。这将直接影响到我国教育的发展方向，影响到大学生德育工作的实施过程和最终德育工作的效果。因此，如何正确理解"立德树人"的理论内涵，是每一位有责任的教育工作者应深思和坚持的。

在中国传统的语言组成当中，"立德"和"树人"是并列的两个独立词语，两个词语彼此独立、各有各的含义。《辞源》将"立德"的"立"解释为"树立"。《现代汉语词典》也采用此种解释，或增加"建立"之意，进而将"立德"解释为"树立圣人之德"。"立德"语出《左传·襄公二十四年》，原文是："太上有立德，其次有立功，其次有立言，虽久不废，此之谓不朽。"在中国的伦理观点上，最重要的是讲求三不朽，即立德、立功、立言，而立德居于首位。

立德树人的理论内涵对大学生德育工作提出了更实际、更高层次的实践要求。立德树人中"德"的内容不仅指一个人的道德品质，还包括一个人在复杂社会中的道德理想信念、对人生价值的追求和对社会的坚守、个人的法律素养等。立德树人的内涵应该是一个人的思想意识的综合体，是一个人应有的各种观念的综合，如一个人的世界观、人生观、价值观等。

瑞典斯德哥尔摩大学教育学家托尔斯顿·胡森博士在《论教育质量》中提到，人类希望校园给他们提供改变，不只是限制在知识范畴，人类希望校园帮助他们养成某种行动和心态，使他们能正确地鉴赏文化、行为受品德和审美精神的价值引导，进而变成有责任感的、合作的、参与的和独立的公民。

图书馆不仅仅承担高校教学辅助的任务，同时还承担着科学研究以及提升大学生道德素质的任务。图书馆与教学部门以及其他类型的教育机构不同，其发挥作用的形式也就有所不同。高校图书馆的德育功能主要表现在以下两个方面：一是可以向大学生介绍、传播中国传统古典名著，营造良好的阅读环境，进而增强大学生热爱读书的兴趣；二是举办不同形式的读书活动、学术讲座，营造阅读气氛，引导大学生学会读书、学会科研以及发现问题和解决问题的能力,通过图书馆潜移默化的德育教育,促使大学生们可以从图书馆丰富的德育文献资源中提升自己,并从活动中陶冶情操、塑造品格。

(二)高校道德教育的必然要求

新时代思想教育是大学生道德教育中重要的一环,围绕这一主题,国家出台了一系列文件提升思想教育的地位。因此,如何使高校大学生思想道德管理工作更加全面化、精细化,以解决高校大学生思想道德管理工作发展不均衡、不完善的问题为目标导向,形成全国一体化思想教育工作系统,畅通思想教育工作的最后一公里。对此,2017年12月,教育部发布了《高校思想政治工作质量提升工程实施纲要》(以下简称《纲要》)。《纲要》明确了坚持和加强党的全面领导,充分发挥中国特色社会主义教育的育人优势,以立德树人为根本,以理想信念教育为核心,以社会主义核心价值观为引领,以全面提高人才培养能力为关键,强化基础、突出重点、建立规范、落实责任,一体化构建内容完善、标准健全、运行科学、保障有力、成效显著的高校思想政治工作质量体系,形成全员全过程全方位育人格局,切实提高工作亲和力和针对性,着力培养德智体美全面发展的社会主义建设者和接班人,着力培养担当民族复兴大任的时代新人,不断开创新时代高校思想政治工作新局面。

高校图书馆在大学生思想道德教育工作中起着重要作用,在充分把握大学生道德教育工作内容的基础上,协作推进各方面工作的开展,使其能够形成良好的协同效应。图书馆可以通过开设思想道德教育类荐书栏目,以提高在校大学生的推荐热情和效率;举办思想道德教育研讨交流或专家讲座等活动;组建思想道德教育志愿者团队进行德育教育宣传和推广工作;制定相关规章制度,引导大学生规范和注意自己的言行。

我国的现代化建设、"两个一百年"奋斗目标的实现,需要德智体美全面发展的社会主义建设者和接班人。在这一人才培养过程中,高校图书馆具有义不容辞的责任,同时也有其自身不可替代的优势。高校图书馆应当积极利用先进的教育手段,创新教育方式,紧密配合并落实党和国家的思想道德教育政策与任务，助力我国社会主义现代化建设和"两个一百年"奋斗目标的实现。

（三）素质拓展的理想场地

素质教育是指一种以提高受教育者诸方面素质为目标的教育模式，是以全面提高人的基本素质为根本目的，尊重人的主体性和主动精神，以人的性格为基础，开发人的智慧潜能，注重形成人的健全个性为根本特征的教育。它重视人的思想道德素质、能力培养、个性发展、身体和心理健康教育，与应试教育相对应。我国自改革开放以来，党和国家始终把提高全民族的素质作为关系社会主义现代化建设全局的一项根本任务。

高校图书馆丰富的资源及其在高校德育教育体系中的重要地位，决定了它必须承担高校素质教育的重任。当前，我国高校图书馆承担的大学生素质教育工作主要表现在以下几个方面：一是馆藏资源检索能力的培养。馆藏文献检索能力是大学生学习和科研必备的基本素质，文献检索能力不高，将直接影响到学习效果和科研水平的提升。如今，越来越多的高校开设信息检索课程，而信息素质教育研究室则大多隶属于图书馆。二是提升馆员的服务意识和能力。作为图书馆最重要的因素，馆员的服务意识和能力直接影响图书馆在读者心中的形象，也决定着图书馆素质教育的效果。知识结构全面、业务能力出众、服务意识强、服务态度好的馆员，能够使图书馆的素质教育达到事半功倍的效果。三是提高图书馆的信息化建设水平，以提高高校图书馆素质教育辅助功能的发挥。

三、高校图书馆德育教育的优势

（一）德育资源丰富

对于离开了紧张的高中学习生活，进入相对轻松自由的学习生活环境的大学生，在一段时间内，他们往往会感到不知所措，甚至有些学生会沉迷于网络游戏，或者染上抽烟喝酒的恶习，学习懈怠，失去了努力的目标和方向。事实上，这一阶段是大学生道德素质形成的关键时期，也是人格奠定基础的关键时期。因此，对于大学生来说，能否通过阅读图书尤其是经典图书汲取营养，并在书中寻求科学力量发现问题和解决问题，是大学生未来适应社会，适应职场生活的关键。经典图书对人格的塑造意义重大，这种阅读一方面是对经典的保存和传承，另一方面是对智慧的传承。

高校图书馆不同于社会上的公共图书馆，其功能更科学，服务对象的整体素养也更高，它脱离了基本的、低层次的知识需求，馆藏文献的专业性、知识性和科研性也更强。在高校图书文献资源的结构中，娱乐性的文献相对较少，更多的是古今流传下来的，或是已得到专家学者一致认可的经典，从古代先贤对各派学说的创立和继承，到儒家、道家、法家等传统人文思想的发展，都显现出经典文献的魅力。大学生在培养基本道德素养的同时，还需要在求学中寻求自身品格的塑造，如遵守纪律和规章制度，锻炼理性思维等。这些道德品质的形成应在学习中逐步培养起来，图书馆可利用现有的硬件和软件资源，助力大学生道德素质和健全人格的形成与提升。

（二）德育方法多样

首先，高校图书馆可以设置德育专栏来对大学生进行宣传教育，并有针对性地向大学生推荐德育图书资源。大学生通过阅读图书馆推荐的德育经典书籍，能够树立正确的价值观念、汲取思想道德营养，并深入思考自己的世界观、价值观和人生观，从而形成自我的独立认知，及时修正自己的认知偏差。

其次，高校图书馆以深厚的文化底蕴来开展立德教育。比如，高校图书馆联合校内的各职能部门或学院共同举办思想道德知识竞赛，开展专家讲坛、名师讲座等，以丰富多彩的活动来开展德育教育。

最后，高校图书馆应通过工作人员日常的服务态度和工作表现为大学生做出表率。图书馆中工作人员的基本工作内容是图书的分类和整理，以及图书的借还等。这些工作内容虽然不复杂，但是需要工作人员的专业知识和敬业精神及良好的服务意识，大学生在图书阅览、挑选和借还过程中能够感受到工作人员的工作态度与服务态度，这些会对大学生的待人接物产生一定的影响，也会影响到大学生对待学业和未来工作的态度，进而影响大学生的道德素质，这也是图书馆发挥德育教育功能的主要方式。

（三）德育形式独特

图书馆德育功能的发挥不同于高校课堂德育，它主要是依靠自身的环境、文化属性等来对学生产生影响，从而影响大学生思想道德观念的形成。图书馆的德育活动将重点放到了德育形式和德育内容方面，着眼于细节，对大学生的德育产生作用。图书馆德育教育的重要方式是隐形德育教育，通过图书馆的文化属性、学习氛围对大学生的学习和道德观念产生影响，发挥"桃李不言，下自成蹊"的育人效用。在图书馆德育教育体系中，安静、舒适、典雅的环境，随处可见的名言警句，浓郁的学习氛围，对融入其中的大学生产生熏陶，同时对大学生的行为和思想起到有效的引导作用，以规范大学生的言行举止。这些教育是被动性的，是在不知不觉中产生的，是沉浸式的。这样的教育方式，学生更易于接受，也更容易产生共鸣，在帮助他们形成正确的道德观念方面将发挥重要的作用。

除此之外，图书馆工作人员作为图书馆隐形文化形成的重要因素，在图书馆文化的形成过程中发挥着重要作用。图书馆的成立、发展和影响力都需要经过时间的沉淀与图书馆工作人员坚持不懈地努力，形成自身的特色需要投入大量的人力、物力和财力。工作人员作为图书馆隐性文化的重要组成部分，是图书馆重要的无形财富，工作人员的综合素质和职业道德对图书馆德育工作有着重要的影响，他们对学生的服务态度、业务管理水平等关系到图书馆的发展，同时影响着学生对图书馆的认知，也在很大程度上影响着图书馆德育工作的水平。因此，高校在图书馆建设中应注重工作人员的素质提升，加强对其的业务和服务培训，以充分发挥图书馆德育教育的作用。

第二节 高校图书馆的德育教育功能

大学教育的根本目的是为社会培养品学兼优的高素质人才，因此德育教育是大学教育的重要一环。大学通过灌输、引导、熏陶等不同方式，培养学生树立正确的道德观念。高校图书馆作为体现高校文化基因的重要场所，是高校知识的宝库，是学生学习知识、探索未来和追求理想的重要场所，是高校德育体系中重要的组成部分。

一、高校图书馆的功能

（一）系统性教育功能

图书馆是高校教育的重要组成部分，收藏了丰富的文献资源，是大学生自主学习，探究专业知识，形成自主学习习惯的理想场所。对于大学生而言，有效地运用图书馆馆藏资源，是不断充实和提升自我的有效途径，是未来奉献社会的基础。目前，各图书馆为了倡导读者阅读都做了大量的工作，举办了不同形式的阅读推广活动来提升人们对阅读重要性的认知。如安徽农业大学图书馆推出的"21天读书打卡活动"，不仅使众多读者养成了读书的习惯，还使读者通过对不同类型图书的阅读拓宽了自己的视野；如安徽工业大学图书馆的"光影阅读"活动，则使读者感受到了文学与电影交织带来的全新体验，大学生也更易于接受。

（二）素养培育功能

高校图书馆是大学生德育教育的重要场所。图书馆收藏了众多的经典著作，为大学生提供了丰富的精神食粮。大学生通过阅读经典，学习其中的名言警句和蕴含的人生哲理，并深入地思考，将其内化为自己的行为准则，这是开展德育教育的有效方式。经过时间的洗涤传承下来的名人名言、人生哲理、诗词歌赋等，在丰富了大学生的文化内涵，提升了大学生的文化品位的同时，传承了我国优秀的历史文化，使他们成为我国传统文化的继承者和传播者。图书馆通过组织丰富的文化活动来吸引大学生参与，通过文化熏陶来提升大学生的审美素养，进而实现了德育教育的目的。从历史的发展来看，成就非凡的历史人物都是热爱阅读的人，他们通过阅读吸收先贤的精神营养，提升自身的专业能力和思想境界，不断地精进自我。图书馆作为人类文化知识的宝库，承担着传承我国优秀思想文化的历史重任，学生通过阅读学习和了解我国优秀传统文化，在增长专业知识的同时，有助于拓宽视野，提升思想境界，对未来的发展也大有裨益。

高校图书馆是大学生综合素质提升的重要场所，教育的根本目的是让学生能够更好地发展，使其掌握专业的技能、树立正确的思想道德观念，进而能够更好地适应未来社会的发展。大学生通过德智体美劳的全面发展，形成辩证性思维和独立创新意识。传统的教学模式限制了大学生综合素质的提升。在传统的教学中，教师的教学重心是按照教学大纲来开展专业授课，教学任务和教学内容基本都是固定的，教师不能够随意改动，对于学生的知识结构、兴趣爱好和品格培养是统一的，缺乏对学生个性化发展的重视。在这种教学模式下，大学生个性化成长需求被抑制，不能够根据自身的兴趣爱好和成长需要来选择自己所要学习的东西，无法满足个性化的发展需求，也无法实现综合素质提升的目标。图书馆作为知识的集散地，为大学生的学习提供了更加自由和灵活的环境。图书馆里拥有丰富的馆藏资源，大学生可以在里面找到各种学习资源，来满足自己的成长所需。通过在图书馆的学习，大学生可以丰富知识储备、优化知识结构，陶冶情操、培养爱国主义情怀、树立正确的价值观念，同时也可以形成独立的思维方式，培养创新意识和创新能力。任何科学研究都需要信息作为支撑，如果缺乏足够的信息就不能做出正确的判断。因此，大学生可通过查阅同研究课题相关的文献资料来获得信息，从而提升信息素养。同时，图书馆可以开展信息素质教育，来提高学生检索和利用文献资料的效率，进而提升他们的科研能力。

高校图书馆是重要的人文素质教育场所。人文素质教育是提升大学生的人文修养的重要手段，大学生通过阅读馆藏人文类图书，吸收人类优秀文化成果，并将其转化为自身的品格和气质，形成高雅的人文气质。图书馆作为大学生人文素质教育的第二课堂，具有得天独厚的人文素质教育优势。馆藏图书是一座文化宝库，学生可以从中吸收丰富的人文养分，向历史人物学习，通过历史人物的高尚道德品质来指引自己的人生道路，并以他们为榜样树立自身的道德规范和标准。此外，在人文素养培养方面，图书馆也可以有针对性地开展德育讲座，邀请知名度较高的社会人士来同学生进行交流，通过这种方式来开展德育教育。

(三)信息共享功能

高校图书馆的基本功能是保存文献和为师生提供信息服务,因此高校图书馆基本的功能定位是高校的文献信息中心。具体表现在三个方面:一是收集文献。二是整理和加工文献。图书馆工作人员作为专业的图书管理人员,他们负责对收录的文献进行分类、整理和信息加工,以使馆藏文献有序化。三是传递文献信息,为师生提供便捷的文献信息服务。随着互联网和计算机技术的发展,高校图书馆的服务模式也在不断创新,信息共享中心的服务模式在图书馆中悄然兴起。该模式以计算机设备设施为平台,借助互联网整合图书信息资源并使其数字化,为师生提供更加便利、快捷的服务,打破了传统图书馆的时空限制,方便了读者的借阅,提高了图书馆馆藏资源的利用率。在新时代,将高校图书馆定位为信息共享中心是科技发展所带来的新变化,同时也为学校德育工作的开展提供了更加便捷的方式。

(四)创新型人才培养功能

新形势下,高等教育是以人为本,为社会发展培育创新型人才,通过高校教育组织来培养学生的创新意识和创新能力。在创新型人才的培养中,教师的教学发挥了重要的作用,但是学生的自主学习和刻苦钻研也占据着重要的地位。图书馆作为学生自主学习的重要场所,是学生创新思维和创新能力培养的摇篮,为大学生的学习和探索提供了舒适的环境,同时为学生的刻苦钻研提供了丰富的文献资料。高校图书馆服务的主要目的是培养学生掌握正确的学习方法,养成终身学习的能力,为学生未来的发展奠定基础。高校图书馆浓厚的学习氛围,舒适、轻松的学习环境,为学生的学习和思考创造了一个良好的外部条件,有助于激发学生的创新思维。高校图书馆举办的各种创新性活动,能够激发学生的创新意识和创新思维,促使学生有效地运用图书馆来获取信息资源,并在此基础上进行创新。

(五)终身学习教育功能

构建学习型社会已经成为国家的重要战略,已经上升到国家层面。高校作为我国的高等教育机构,应当在这一伟大社会进程中发挥积极的推动作用。

高校图书馆作为信息共享中心应发挥纽带作用，紧密地将读者与阅读资源结合起来。通过图书馆的服务，让学生养成自主学习的习惯，同时树立终身学习的意识，为我国构建学习型社会贡献一份力量。

二、高校图书馆的德育教育功能

德育教育功能是高校图书馆基础功能的延伸，它的表现形式不同于高校专门负责德育工作的相关课程和职能部门，其德育功能具有隐性、间接性、多样性和社会性。读者在图书馆进行阅读和学习时，会受到图书馆环境氛围、文化元素等的熏陶和影响，进而影响自身的行为和道德观念，引起心智的变化。高校图书馆的德育教育功能主要表现在浓郁的书香氛围熏陶、丰富的馆藏文献价值引领和德育活动对读者行为的塑造。

（一）浓郁的书香氛围熏陶

大学生审美品位的提升是高校图书馆德育教育的重要内容。图书馆是高校的标志性建筑，作为高校的窗口单位，其外观的设计和内部的装饰、布局方面都是经过精心设计和规划的，馆外的人文景观设计、馆内的雕塑形象、悬挂的标语和名言警句都体现了高校的人文特色与校园文化特色。比如，武汉大学老图书馆建筑景观就是高校图书馆的典型代表，也是武汉大学的标志性建筑，它采用了中国古典建筑设计，呈现出的是端庄典雅的气质。图书馆的四周种满了不同品种的树木和花草，不同季节有不同的鲜花盛开，桂花、樱花犹如一幅优美的画卷，无论远眺还是近观都是一种美的享受，能够让人深刻体会到中国古典建筑之美和景观之美。老图书馆是武汉大学的精神地标。学生对图书馆建筑景观的欣赏和体会，有助于提升其自身的审美情趣。

图书馆文化氛围有利于提高大学生自身的人文素质和道德情操。大学生综合素质的提升需要从多方面着手，包括道德修养、科学文化素质、心理素质等。高校图书馆浓郁的文化氛围和幽雅的环境为高校德育教育的开展提供了一个良好的教育场所，学生在高校图书馆中阅读和学习，参加学术交流和座谈会活动，会受到图书馆的格调、氛围和布局的影响，并被馆内绘画、书法、雕塑以及馆员良好的精神面貌感染。环境优美、格调高雅的图书馆会让学生感受到浓郁的人文气息，同时会改变学生的言行举止。比如，安徽农业大学图书馆在一楼天井雕刻着五面近百平方米的文化浮雕墙，讲述着文明的演进，旨在对广大学生进行爱国爱校教育；二至八楼的38根立柱张贴着具有安徽代表性的文化元素，旨在对广大学生进行爱国爱省教育。

（二）丰富的馆藏文献价值引领

1. 将古代先贤的智慧内化于心

文化传承是高校图书馆的基本职能之一。高校图书馆保存了大量古今中外的经典著作，汇集了人类社会文明发展的重要成果，是重要的精神财富。大学生通过阅读能够同先哲们进行跨时空的情感交流，吸收先哲们的思想观念，从而构建自身的价值观。而流传下来的经典图书是作者智慧的结晶，充满了作者的真知灼见，读者通过阅读能够同作者产生情感的共鸣和心灵的碰撞，为自身道德观念的形成提供强有力的信念支撑。读书能够决定一个人的文化修养和思想境界，能够提升一个民族的素质和力量，能够影响一个国家的前途和命运。大学生通过阅读思想内容积极向上的著作，能够增长自身的专业知识，同时能够提升自身的道德修养，树立正确的价值观念，并把古圣先贤作为自己安身立命的楷模和榜样。高校图书馆丰富的馆藏资源为学生自我探求和德育教育提供了丰富的精神资源。中国传统教育的核心是人文教育，将"修身、齐家、治国、平天下"作为教育的目标，大学生通过阅读经典能够学习和体会人物的思想情感，并同自身的言行举止进行对照，不断完善自身的道德修养，提升自我的人格魅力。

2. 感受高尚情怀，抵御不良心理问题

大学生作为新时代的建设者和接班人，他们具有活跃的思想，旺盛的精力，易于接受新事物和新思想，但同时因为他们生活在校园内，社会经验不足，缺乏对社会环境和社会现象的全面认知，思想容易受到各种思潮的冲击，内心容易产生矛盾和冲突。大学生正处于竞争日趋激烈的社会环境中，面临着较大的就业压力和心理压力，同时还面临着情感问题，不少大学生往往会

产生心理焦虑，有些心理素质较差的学生甚至会出现心理问题，影响正常的生活和学习。高校的心理咨询部门能够帮助学生解决心理问题，但有些学生因为不愿意向别人吐露心声，因此不愿意向别人求助。而图书馆周到的服务和自主学习的隐秘性，促使学生去阅读图书馆的藏书，并借此去寻找精神支撑，解决其自身存在的心理问题。

（三）德育活动对读者行为的塑造

1. 开展各种读书活动，为大学生提供交流思想的空间

文献资源优势是高校图书馆的基础优势，图书可依托自身的文献资源举办各种文化交流活动，比如文化讲座、征文竞赛、报告会等，以丰富大学生的文化生活、培养大学生正确的思想意识和独立精神。图书馆的各项文化活动在大学生德育工作中发挥了积极的促进作用，依托丰富的馆藏资源，举办丰富多彩的文化教育活动，丰富大学生的文化生活，为大学生思想交流搭建良好的文化平台，活跃学生的思维，培养学生正确的道德观念。高校图书馆举办文化活动是公益性的活动，没有任何功利性，大学生可以根据自己的兴趣爱好和时间来选择自己想要参加的活动。大学生参加图书馆举办的文化活动能够锻炼自身的社交能力和表达能力，同时能够在相互交流中碰撞出新的思想，增长见识，提升综合素质。比如，华中师范大学图书馆定期举办的"风雅阅读会"，通过对文化的寻根和反思激发了大学生独立自主的思想意识与精神追求。经过多年的积累和发展，"风雅阅读会"已经成为该校的特色文化活动。

2. 开展各种志愿活动，为大学生提供道德实践的机会

高校图书馆德育工作具有明显的实践性。读者在图书馆借还书和学习过程中是否遵守图书馆的借阅规定、是否顾及他人的感受、是否遵守公共场所的秩序等，这些都能从侧面反映一个人道德修养的高低。同时，图书馆的环境和氛围对学生的言行举止也有一定的引导作用。当学生看到其他读者都在遵守公共场所秩序、投身到学习中去的时候，自身的行为举止也会被影响到，这有助于规范其行为举止，帮助其完善自身的道德修养。可见，图书馆道德教育的实践性能够有效地促进德育工作发挥作用。

国外大学的图书馆招募大学生志愿者协助图书管理工作是很常见的事情，特别是在美国，大学生志愿者的人数占到图书馆工作人员总人数的20%以上。大学生志愿者在图书馆从事图书上架、整理和修补等重复而繁重的管理工作，有效解决了因为图书馆在编人员不足而导致的图书管理工作超负荷、馆员工作压力大等现实问题，同时加深了大学生对图书馆工作的了解程度，并且图书馆志愿者有一定的补贴，也可以减轻一些家庭经济比较困难的学生的经济压力。

目前，我国很多高校的图书馆也在招募志愿者，这种方式既减轻了图书馆工作人员的工作压力，又为有意愿参加图书管理工作的大学生提供了实践机会。同时，也为大学生提供了道德实践的机会，让大学生通过在图书馆的志愿服务，学会遵守图书馆的规章制度，加强同馆员的联系和沟通，有助于增强大学生的服务意识和主体责任感。大学生通过在图书馆里从事图书的上架、整架、修补及场馆卫生打扫等繁杂的日常事务性工作，能够体会到图书馆工作人员的辛苦，有助于增强大学生对图书馆环境和图书的爱护意识，培养大学生的集体意识和团队合作精神，让大学生体会到在图书借阅过程中遵守图书馆规章制度的重要性，并通过自身的言行举止来影响身边的其他学生，从而促使大家养成文明的借阅习惯。实践证明，高校图书馆的志愿活动能够有效地将德育教育融入大学生的实际行动中，对于培养大学生的道德品质具有非常好的效果，已经成为高校图书馆开展德育工作的重要方式。

第三节　影响高校图书馆德育功能发挥的因素

一、德育意识缺乏

高校图书馆工作人员大多缺乏对图书馆德育功能的正确认知，他们往往忽略了图书馆在德育教育方面所能发挥的重要作用。很多高校图书馆员对图书馆功能的认识仍然停留在传统借还图书的阶段，他们认为图书馆的主要作用是为高校师生提供丰富的文献资源，为师生创造一个良好的学习环境，缺乏对图书馆在德育方面作用的认知。图书馆德育功能认知的偏差，不仅是图书馆馆员对图书馆功能定位的不准确，更是因为高校在图书馆功能定位上的不准确，甚至教育主管部门对图书馆德育功能缺乏正确的认识。我国早期的高等教育主要侧重于智力教育，往往忽视德育在个人发展的重要作用，不够重视德育教育。图书馆的德育功能相比于高校思想品德教育课程而言更加的隐性，它主要是通过图书馆的文献资源、内外环境、文化氛围和文化活动来影响学生的道德思想，是一种被动影响，在潜移默化中学生形成了自身的道德观和价值观。由于图书馆德育功能的隐性特征导致高校管理者更多地认为德育工作应由德育专业课程来承担，而忽视了高校图书馆所具备的德育功能。

二、软硬件配置及信息化滞后

很多高校在图书馆软硬件方面的投入不足，导致图书馆的座位数量不能够满足学生自习的需求，特别是期末考试或者考研期间，经常会出现学生为了在图书馆占一个自习的位置从早晨开馆就大规模排队的现象。图书馆在非考试期间还基本能够满足学生看书学习的需求，但是到周末或者考试期间就无法保证学生的学习需求。在高校图书馆中还会出现因为占座而导致的纠纷，究其根本原因是图书馆座位资源的稀缺，同时也有学生道德素质不高的问题。因此，高校要加大图书馆建设的投入力度，做好图书馆的基础设施建设，为学生创造良好的阅读与学习的环境和氛围，并加强对学生德育工作的开展。

另一方面，部分高校图书馆信息化服务水平滞后。图书馆在电脑配置和信息安全方面的建设工作还存在欠缺，不能够有效地规范学生的上网行为，对网络信息进行有效的筛选，保证网络信息的健康和安全。高校大学生思想活跃，好奇心强，他们对外部世界充满了好奇，易于接受新的事物，这是他们的优点，同时这种年龄特性也致使他们容易受到不良信息和观念的影响，导致他们的思想道德观念出现偏差。因此，高校图书馆要加强信息安全管理，引导大学生正确地使用网络并加强对其思想道德观念的引导，使其树立正确的道德观和价值观，及时纠正他们思想方面出现的问题。

三、德育服务理念欠缺

高校图书馆的工作人员在日常工作中将工作重心放到文献整理和读者基础服务方面，对于图书馆所承担的科研辅助任务和德育任务缺乏全面的认知，服务理念缺失。具体表现为：图书馆缺乏专职的德育工作人员，一般的图书管理人员在德育方面缺乏专业理论和经验，德育教育水平和德育意识不足，无法有效地开展德育活动。很多图书馆管理人员受到传统的图书馆工作职责的影响，缺乏对图书馆在大学生德育中所承担职责的认知。高校图书馆作为高校德育体系的重要组成部分，图书管理人员的职业道德和个人道德修养会对学生的德育产生重要的影响，他们在工作中表现出来的服务意识、工作态度和工作行为会对学生如何看待工作产生一定的影响。如图书管理人员在工作中表现出消极懈怠的情绪，服务态度不好，会给学生树立坏榜样。此外，图书馆工作人员对自身在德育方面所能发挥的作用认识不足，在图书馆中没有设置专门的德育专栏，也未能全面收集与德育相关的图书，对德育实践活动的开展也缺乏积极性。因此，要想提升图书馆的德育效果，应首先从提高图书馆馆员的德育服务理念着手。

第四节 充分发挥高校图书馆德育功能的策略

一、整合推进德育教育，形成德育合力

（一）推动学校层面转变传统观念，保障图书馆的德育功能发挥

一是高校决策者要转变思想，用新思想、新思维看待德育工作的开展，

构建立体式的德育教育体系，重视高校图书馆在德育中所发挥的作用，通过创新德育教育的方式、方法，提升德育教育的效果。二是高校决策者要召开学校级别的办公会议，专项研究图书馆的德育工作开展规划，制订相应的图书馆德育工作计划和工作目标，将图书馆德育工作纳入图书馆的日常工作管理体系中去，并协调学校的相关部门，为图书馆德育工作的开展创造良好的外部环境。三是高校决策者要从思想上重视图书馆的德育工作，并给予全方位的支持，从人员编制、机构设置、经费等方面提供支持，以提升图书馆工作人员的德育工作热情，提高德育水平。四是高校决策者在德育工作开展过程中要坚持整体性原则，协调德育工作的相关部门和主体，形成合力，强化图书馆的德育功能。

（二）积极争取学校学生工作部门的支持

高校图书馆工作与学生工作二者长期以来是相互分离的。大多数图书馆工作人员在思想意识上认为图书馆工作是为读者提供文献服务，他们主要的工作任务是服务于为学校的教学和科研，德育工作与他们没有关系；而高校学生工作部门在德育工作的开展中也没有意识到，图书馆能够有效地发挥德育教育作用。二者在思想意识方面的不足不利于高校构建全方位的德育工作体系。一方面，高校学生工作部门可以加强同图书馆的交流合作，通过图书馆了解目前大学生的阅读兴趣和爱好，以及学生比较感兴趣的读书活动等，从中获取开展德育工作的方法和建议。大学生通过阅读图书来获取新的知识和新的思想观点，而他们对阅读内容的选择反映了个人兴趣和个人需求。因此，高校学生工作部门可以在图书馆设立德育工作办公室，并筛选出优秀的德育读物提供给学生，让他们能够更加便捷地接受德育教育。另一方面，高校图书馆要同学生工作部门做好沟通和交流，了解高校德育工作的开展情况和工作重心，并通过图书馆的文化活动来配合学生工作部门的德育工作。因此，要做到以下几点：一是高校图书馆要加强同学生工作部门的合作，邀请辅导员到图书馆开展德育工作，在图书馆的环境和氛围中为学生开展德育教育活动，规范学生的借阅行为，引导学生成为文明的读书人，并通过德育工作提升学生的思想道德素质。二是高校图书馆要协助流动学生党团组织开展各种文化活动，促进学生党团组织充分发挥德育教育作用。三是图书馆工作人员要始终将德育意识融入到文化活动中去，以积极配合学生工作部门开展德育工作。

二、加强人才队伍建设，增强馆员综合素质

馆员是高校图书馆德育工作的组织者和参与者，他们在图书馆德育工作中发挥着重要的作用。高校图书馆工作人员不同于公共图书馆中的工作人员，他们同大学生读者之间不仅是简单的服务与被服务关系，同时还是一种特殊的师生关系。在高校图书馆读者服务过程中，馆员的工作态度、服务意识、精神面貌等会影响大学生对待学习和未来工作的态度，馆员的言行举止也会影响到图书馆的读者。高校图书馆德育工作有很大一部分是被动开展的，不是图书馆馆员通过主动的教育宣讲来向大学生灌输德育知识和德育思想的。这就要求图书馆馆员通过读者服务工作来展现其良好的职业道德和专业素质，以身示范影响学生，从而实现德育的目的。因此，有效发挥高校图书馆德育教育功能，必须提升馆员的综合素质，为图书馆德育工作储备优秀的人力资源。

（一）创新管理机制，提升馆员的整体素质

高校作为事业性组织，图书馆馆员为事业编制人员，缺乏有效的激励和竞争机制，导致馆员在工作中缺乏热情和积极性，缺乏积极奋进、努力进取的敬业精神，这严重制约了高校图书馆的高水平发展，同时也限制了高校图书馆德育教育功能的实现。馆员作为德育工作的参与者，他们自身的思想素质对德育工作的开展有着重要的影响作用。如果馆员对待工作漫不经心，在读者服务中懒散懈怠，学生感受不到馆员的饱满精神和服务热情，那么馆员的德育教育就很难取得良好的效果，言传不如身教，只有以身作则才能够更好地影响别人。为了促进图书馆德育工作的开展，将图书馆建成大学生的德育工作基地，高校要在提升图书馆馆员道德素质上下功夫，建设一支思想品格高、专业技能强、德育水平高的馆员队伍。

馆员在服务的过程中表现出来的道德素质、敬业精神和专业水平能够对大学生的心理产生较大的影响。其在使用图书馆的过程中，如果能够受到图书馆馆员热情的服务，那么就会对图书馆的德育产生信任，更易于接受图书馆德育的影响。图书馆工作人员与学生之间不是直接的教育者和被教育者关系，他们开展德育工作主要是靠个人言行举止的影响和渗透。因此，馆员要特别注重同学生在使用图书馆过程中的沟通，让学生感受到他们的人格魅力和职业素养。比如，当学生在图书馆借阅图书时，由于其思想觉悟和道德修养的差异，有时会出现图书损毁或污损等现象，甚至有些学生会将图书据为己有。对此，馆员除了要按照相关规定对这些不良行为进行处罚以外，还要对这些学生进行说服教育，以诚恳的态度和礼貌的用语与学生进行沟通，不得使用侮辱性的语言，而应了解他们的心理状况，并给其改正的机会，让他们发自内心地认识到自己的错误。总之，图书馆工作人员要提升自己的综合素质，以自身的行为举止来感染学生，促进学生思想道德的提升，做文明的读者。

高校图书馆要建立完善的考核和激励机制，激发馆员的工作热情，建立竞争机制，让馆员有危机感，让那些思想素质不高、业务能力不强、对工作缺乏热情的馆员限期整改，如果不能够符合图书馆的工作要求，那么就将他们调离原工作岗位，同时招聘一批热爱图书馆工作、素质过硬的人才充实到馆员队伍中来，提升馆员的整体素质。一方面，高校图书馆要从馆员的角度思考管理工作，为馆员解决现实中的问题，提高他们的薪酬待遇，改善他们的工作条件，让他们更有归属感，这样才能够解决馆员的后顾之忧，调动他们的工作积极性，更好地投身到读者服务工作中，更加有效地开展德育工作。另一方面，高校图书馆要建立公平、公正的考核机制，让馆员能够感受到自己被公平对待，自己的付出能够得到相应的回报。如把职称评定、晋升机制等引入图书馆管理工作中来，让馆员在工作中体现个人的价值，从而调动馆员的工作积极性，促进图书馆德育工作更好地开展。

（二）加强岗位培训，提升馆员的业务能力

当前，我国高校图书馆进入数字图书馆时代，特色馆藏建设、电子资源服务、定题检索、网上师生互动等，都需要馆员不断更新知识，提升业务能力。但由于多种原因，一些图书馆决策者只注重使用人才而不重视培养人才，不注重馆员知识的更新以及素质的提升，相当一部分馆员还不能胜任新时期集信息服务者与德育工作者于一身的角色，这不仅影响了图书馆的德育工作开展，更影响了图书馆德育目标的实现。

高校图书馆所面对的读者群体是具有知识文化水平较高的教师和大学生，这就要求馆员具有渊博的知识、专业的服务能力和良好的精神面貌，这样才能在服务中渗透德育、感染读者。因此，加强岗位培训，提升馆员的业务能力，是促进高校图书馆德育工作有效开展和加强大学生德育工作的现实需要。新时期，高校图书馆德育工作要求馆员应该掌握最新的信息检索技术，了解人类文明的知识体系，能够有针对性地向大学生介绍代表先进文化的优秀文献。馆员要能熟悉全馆的藏书体系，熟悉馆内各种检索工具的使用方法，还要具备相关学科的知识，要不断填充自己的未知领域。因此，高校图书馆要从实际出发，动员全体馆员参加岗位培训，通过不断学习，提升自身的业务能力。岗位培训的内容设计应该具有实效性和针对性，侧重图书馆学、情报学的新知识以及图书馆德育工作技能等方面的内容，以落实"按需施训"原则。岗位培训的方式可以灵活多样，包括分期分批将本校馆员送到重点院校图书馆学习，或者聘请其他院校专家、学者以及优秀图书馆馆员来本校图书馆授课、研讨和交流。

三、美化阅读环境，打造德育平台

（一）打造舒适的馆舍环境，通过优美的建筑景观感染读者心灵

图书馆建筑景观作为物质形态的隐性课程，对大学生思想道德素质的影响是潜移默化的。大学生可以在幽雅的阅读环境中一边学习科学文化知识，一边提高审美品位，提升精神境界。我们要通过优美的图书馆建筑景观来感染读者心灵，就是要使图书馆无论是在其建筑设计、外观形象上还是在内部布置上，都要营造一种良好的人文氛围，要在图书馆景观设计的每个角落体现美感和人文关怀，让图书馆产生亲和力，从而促使读者提升自身的道德修养。

从环境心理学角度出发，高校图书馆的景观设计应该遵循统一而又和谐的原则。现代图书馆普遍都重视"生态建筑"的建馆理念，注重运用树木、芳草、花卉、雕塑、喷泉等元素来吸引读者。图书馆建筑景观的设计在重视生态环保的同时，还要符合美学原理，突出图书馆景观的艺术性和思想性。图书馆景观设计要抓住大学生这个年龄层次人的心理特征和生理特征，符合他们的心理需求，要使读者进入图书馆后立即为它浓郁的学术氛围和独有的文化气息所感染，进而产生强烈的求知欲。高校图书馆是校园内最安静的场所，它体现了人们对文化的尊重。因此，图书馆的植物配置要立足于高雅的内涵，为学生营造一个宁静幽雅的阅览环境，给学生以美的享受和启迪，满足他们的精神需求。例如，图书馆入口景观可以选择棕竹、旱伞等观赏性强的景观树种，其配置的布局形式上不宜过于分散复杂，而要集中简洁、视野通畅，体现令人陶醉的自然美，给人明朗、静谧的入馆意象。总之，高校图书馆应以美术的语言表达出其特有的文化气息，使其成为大学生心中的圣地。

（二）创造高雅的人文环境，让读者在良好的文化氛围中形成优良品格

在图书馆馆舍中，可以设立向读者发布新书信息、实事报道、名人介绍等的宣传栏，以发挥宣传栏的德育阵地的作用。图书馆馆舍内要加强墙壁文化和走廊文化的建设，充分利用墙壁文化和走廊文化的宣传作用。此外，图书馆还可以在楼道增加反映地域文化的装饰，加强走廊文化建设，突出地域文化特色。图书馆内墙壁的设计应该遵循育人为本的原则,融知识性、教育性、艺术性于一体，充分利用名人肖像、名人名言、诗词古训、知名校友的图片及事迹等，让大学生读者置身如诗如画的阅读环境之中，为他们提供思想道德建设的精神食粮,激励他们奋发有为、立志成才。大学生读者在学习间隙时，抬头欣赏图书馆墙壁艺术，不但可以消除疲劳，还能享受到情感的愉悦，从而激励自己不断提升思想境界和人格修养。高校图书馆有着浓郁的学术氛围，是培养大学生读者严谨治学态度的场所。因此，图书馆内的布置包括桌椅板凳、书籍陈列、馆员行为、读者活动等，都应当体现出严谨与次序。这种强烈的次序感会感染学生，用无声的语言引导学生成为具有严谨思想的人。

四、优化馆藏资源,传播先进文化

(一)优化传统文献资源结构,通过优秀作品培养读者的高尚情操

高校图书馆的传统纸质文献资源不仅是高校教学科研工作的重要物质基础,也是对大学生进行道德教化的重要载体。传统纸质文献资源作为理论化的人文精神资源,其质量直接影响着大学生的德育效果。因此,高校图书馆要不断加强传统文献资源建设,结合时代特点优化传统文献资源结构,这有助于帮助大学生正确认识社会,也有助于塑造大学生的完美人格。

高校图书馆要加强传统文献资源建设,应做到以下三点:首先,要严把图书采购关,保证文献采购的质量,注重选择那些有思想、有深度、有内涵的优秀书刊。图书馆要通过加大优秀书刊在馆藏文献中的比重、优化文献结构,发挥格调高雅的书刊在图书馆德育工作中的益德功能。其次,高校图书馆还要改变"重专业教育、轻素质教育"的传统观念,注意改善传统纸质文献的学科结构,加强哲学、史学、文学、社会学、中国特色社会主义理论等基础素质教育方面的文献收藏,补充本校专业以外的文献资料,从而提高文献品位,让大学生有更多机会接触到丰富的德育资源。最后,高校图书馆还要结合本校以及本地区的特点建立本校师生文库、地方学者文库、地方文化文库、地方经济文库等特色藏书体系,引导大学生读者阅读特色藏书,使大学生实实在在地感受到身边世界的发展和变化,从而增强他们对祖国、家乡、人民以及本土文化的自豪感。

(二)加强数字图书馆建设和资源共享建设,培养读者良好的信息道德

在科学技术发展日新月异的今天,网络几乎无处不在,它成为大学生学习和生活中不可缺少的部分。信息时代,高校图书馆的馆藏是由传统的实形馆藏和时代性的虚拟馆藏构成的。其中,虚拟馆藏包括数字图书馆馆藏和文献资源共享馆藏。数字图书馆正是基于网络平台的可扩展的知识网络系统,它把各种不同载体、不同地理位置的信息资源用数字技术进行存贮,以便于

读者使用，它是未来图书馆的发展方向。高校图书馆资源共享实现了文献资源的共享共编，促进了德育资源的整体化和归一化，可以让读者不受时空限制，最大限度地接触德育资源，这也是未来图书馆德育工作发展的趋势。因此，高校图书馆可以通过数字图书馆建设和资源共享建设，实现德育资源的数字化，以适应当代大学生读者数字化阅读的新模式，从而引导大学生读者正确地认识和使用网络，培养他们良好的信息道德。

数字图书馆和文献资源共享的建设涉及很多方面，需要政府、高校、网络提供商、信息技术企业等各方面的支持。由于资金、体制等各种原因，我国高校图书馆的信息化建设呈现发展不均衡的势态，沿海地区、东部地区发展迅速，中西部地区发展较为缓慢。因此，中西部地区的高校图书馆要特别重视这方面的工作，加快信息化进程。高校图书馆可以通过信息化建设实现德育资源的数字化和网络化，为大学生提供各种思想道德教育的学习资料，对大学生开展覆盖面广、时效性强、富有针对性的思想道德教育，使大学生能够体验到网络的快捷服务，同时还能受到德育的影响。此外，高校图书馆还可以建立大学生德育专题数据库。例如，反映各行各业杰出人物的特色数据库，针对大学生心理状况的心理咨询和辅导数据库等，引导学生使用这些特色数据库接受有序的、先进的、积极向上的知识熏陶，提高他们对信息甄别的能力，从而提升他们的道德素质和思想境界。总之，高校图书馆要通过数字图书馆建设和资源共享建设来扩大学生德育工作的辐射面，增强其社会影响力，指导学生更好地甄别各类网络信息，更好地利用网络资源，使图书馆网络成为弘扬主旋律、开展德育工作的重要渠道。

参考文献

[1] 陈幼华. 高校图书馆阅读推广理论与方法 [M]. 北京：朝华出版社，2020.

[2] 程静，鲁丹，陈金传. 技术视角下高校图书馆创新实践 [M]. 上海：上海社会科学院出版社，2021.

[3] 范国崴. 高校图书馆现代化管理 [M]. 长春：吉林人民出版社，2016.

[4] 韩丽. 高校图书馆学科化服务的实践发展 [M]. 昆明：云南大学出版社，2014.

[5] 何胜. 高校图书馆大数据应用模式与实证研究 [M]. 兰州：兰州大学出版社，2019.

[6] 皇甫军，包海艳，杨静. 高校图书馆学科资源建设理论与实践 [M]. 北京：文化发展出版社，2019.

[7] 黄娜. 高校图书馆与学科建设 [M]. 长春：吉林人民出版社，2019.

[8] 季淑娟，王晓丽，刘恩涛. 高校图书馆区域联合信息咨询的理论与实践 [M]. 北京：北京邮电大学出版社，2019.

[9] 李春溪. 高校图书馆文献信息检索探究 [M]. 重庆：重庆大学出版社，2021.

[10] 李红霞，冀颖，王金英. 高校图书馆微服务体系概论 [M]. 北京：新华出版社，2022.

[11] 李琳. 高校图书馆阅读推广与宣传促进研究 [M]. 长春：吉林人民出版社，2019.

[12] 李明. 高校图书馆阅读推广研究 [M]. 北京：朝华出版社，2019.

[13] 李永霞，卢胜利. 高校图书馆建设与校园阅读推广 [M]. 成都：电子科技大学出版社，2018.

[14] 陆丹晨. 高校图书馆管理的创新性研究 [M]. 石家庄：河北人民出版社，2018.

[15] 彭拓夫，王红艳，王笑梅. 高校图书馆文化建设研究 [M]. 长春：吉林人民出版社，2021.

[16] 王凤翠. "一流学科"建设高校图书馆支持体系创新研究 [M]. 武汉：华中科技大学出版社，2020.

[17] 王秀琴，郑芙玉，浮肖肖. 高校图书馆管理创新研究 [M]. 长春：吉林人民出版社，2021.

[18] 王印成，包华，孟文辉. 高校图书馆信息管理与资源建设 [M]. 北京：经济日报出版社，2018.

[19] 王志华. 跨文化背景下中美高校图书馆比较 [M]. 北京：中国广播影视出版社，2017.

[20] 吴漂生. 高校图书馆移动阅读服务研究 [M]. 长春：吉林人民出版社，2020.

[21] 谢薛芬. 浅谈高校图书馆工作 [M]. 杭州：浙江工商大学出版社，2018.

[22] 杨静，包海艳，王跃飞. 高校图书馆深层次嵌入式学科服务理论与实践 [M]. 赤峰：内蒙古科学技术出版社，2018.

[23] 杨静，冀萌萌，李寒. 高校图书馆知识产权信息服务研究 [M]. 赤峰：内蒙古科学技术出版社，2021.

[24] 杨琳. 高校图书馆管理与阅读服务模式创新 [M]. 长春：吉林人民出版社，2019.

[25] 于芳. 高校图书馆服务工作与采访模式创新研究 [M]. 长春：吉林出版集团股份有限公司，2018.

[26] 于红，李茂银. 高校图书馆管理与服务创新研究 [M]. 长春：吉林人民出版社，2019.

[27] 张利民. 高校图书馆管理创新发展与应用 [M]. 成都：电子科技大学出版社，2019.

[28] 张路. 大数据时代高校图书馆信息服务创新研究 [M]. 长春：吉林人民出版社，2019.